BURGEN

Berühmte Festungen und prachtvolle Schlösser

Text Laura Buller
Illustrationen Robert Ball

DK | Penguin Random House

Lektorat Olivia Stanford, Abi Luscombe, Abby Aitcheson, Sally Beets, Katie Lawrence, James Mitchem, Jonathan Melmoth, Sarah Larter
Gestaltung und Bildredaktion Elle Ward, Katherine Marriott, Bettina Myklebust Stovne, Lucy Sims, Sumedha Chopra, Vijay Kandwal, Diane Peyton Jones
Umschlaggestaltung Issy Walsh, Elle Ward
Herstellung Nikoleta Parasaki, Barbara Ossowska
Kartografie Simon Mumford
Fachliche Beratung Dr. Stuart Prior, Dr. Richard Nevel

Für die deutsche Ausgabe:
Programmleitung Monika Schlitzer
Redaktionsleitung Martina Glöde
Projektbetreuung Sebastian Twardokus
Herstellungsleitung Dorothee Whittaker
Herstellungskoordination Claudia Rode
Herstellung Stefanie Staat

Titel der englischen Originalausgabe:
Castles

Übersetzung Annette Ostlaender
Lektorat Hans Kaiser

ISBN 978-3-8310-4208-1

Druck und Bindung RR Donnelley, China

FSC MIX Papier aus verantwortungsvollen Quellen FSC® C144853

www.dk-verlag.de

Inhalt

Begib dich auf eine Zeitreise und erkunde die faszinierendsten Burgen der Welt, angefangen im 11. Jahrhundert mit der Hügelburg Hen Domen über Schloss Neuschwanstein aus dem 19. Jahrhundert bis zur japanischen Burg Himeji im Jahr 1945.

In diesem Buch werden als Standorte der Burgen die heutigen Ländernamen angegeben.

Burg, Festung oder Schloss?

Nothe Fort (England)

Festung

Im Krieg brauchte man mächtige Verteidigungsanlagen, um das eigene Land zu schützen und einen Stützpunkt zu haben, von dem aus man selbst Angriffe führen konnte. Festungen waren beeindruckende militärische Bauwerke, die anders als Burgen nicht von Angehörigen des Adels bewohnt wurden.

Mittelalterliche Burg

Burgen baute man während vieler Jahrhunderte. Die bekanntesten entstanden im Spätmittelalter in Europa. Sie wurden aus Stein errichtet und verfügten über hohe Türme, Wassergräben und Zugbrücken. Bodiam Castle (England) ist hierfür ein gutes Beispiel.

Eine Burg diente entweder als militärischer Stützpunkt oder war der eindrucksvolle Wohnsitz eines Burgherrn. Zwar gibt es keine einheitlichen Regeln für den Bau einer Burg, aber sie haben doch oft ähnliche Merkmale. Wir finden unter ihnen bescheidene, nur aus Holz errichtete Burgen und solche, die eher wie eine befestigte Stadt wirkten. Doch aufgepasst! Nicht alle Burgen werden auch als Burgen bezeichnet, während Bauwerke, die als Burgen in die Geschichte eingingen, eigentlich gar keine sind.

Schloss

Paläste und Schlösser waren große Privatresidenzen für Könige oder andere hochrangige Herrscher. Sie dienten nicht der Verteidigung, waren aber dennoch riesig und gut bewacht. Langen feindlichen Belagerungen konnten Schlösser, anders als Festungen, kaum standhalten.

Winterpalast (Russland)

Burgen im Wandel der Zeit

Die wesentlichen Gründe für den Bau einer Burg oder Festung als Wohnsitz oder Stützpunkt änderten sich im Lauf der Zeit nicht allzu sehr, die Baustile dagegen schon. Mit der Entwicklung neuer Werkzeuge und Materialien wurden die Festungen immer besser und wehrhafter. Um die Bewohner bestmöglich zu schützen, musste sich ihre Planung stetig der Entwicklung neuer Waffen und militärischer Strategien anpassen.

Harbottle Castle (England)

Motte mit Burghof

Dieser Burgtyp aus Holz bestand aus einem Turm, der auf einem steilen Hügel, der sogenannten Motte, errichtet wurde. Der ihm vorgelagerte Burghof war durch eine Mauer geschützt.

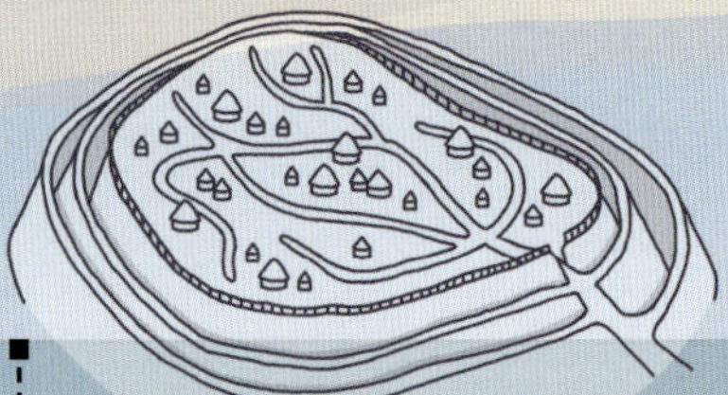

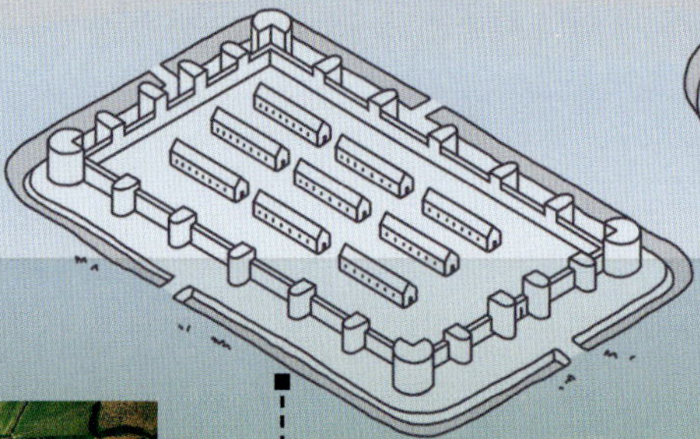

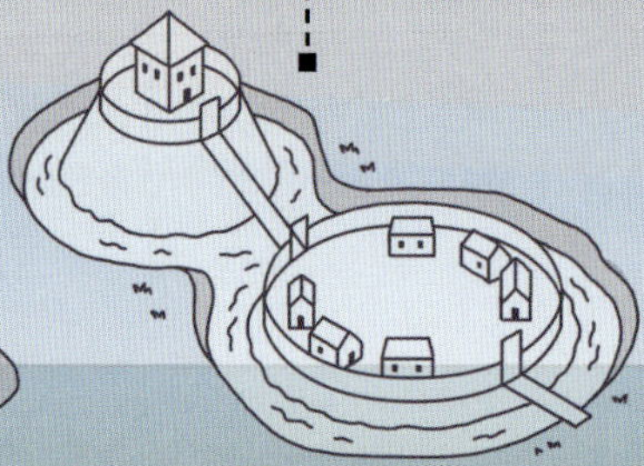

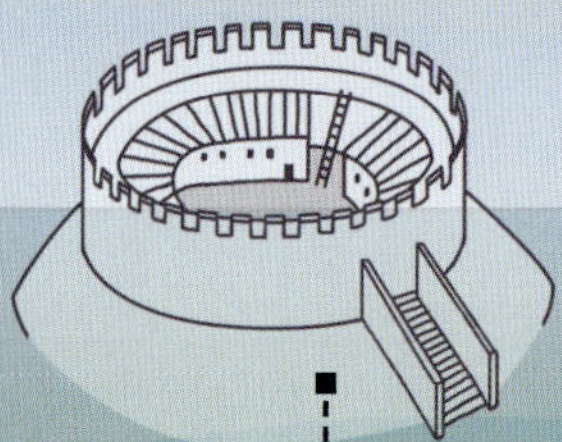

Maiden Hill Castle (England)

Römische Festung

Wenn römische Soldaten ein Gebiet erobert hatten, bauten sie oft ein Kastell, in dem sie geschützt wohnen konnten. Diese von Steinmauern umgebenen Befestigungsanlagen waren meist rechteckig und hatten an jeder Seite bewachte Tore.

Muschelfried

Da Holzmotten auf Erdhügeln leicht niedergebrannt werden konnten, gingen die Burgenbauer dazu über, Wohntürme aus Stein zu errichten und sie durch eine weitere Steinmauer rundum zu schützen.

Hardknott Castle (England)

Burcht van Leiden (Niederlande)

Wallburg

Besiedlungen auf Bergkuppen wurden schon früh durch tief in den Boden gezogene Gräben geschützt. Die so entstandenen steilen Erdwälle und Gräben waren nur schwer zu überwindende Verteidigungsanlagen.

Château de Falaise (Frankreich)

Sternfestung

Eine Burg mit runden oder viereckigen Mauern war schwer zu verteidigen, da die Angreifer nur nach vorn beschossen werden konnten. Bei einer Burg in Sternform aber hatten die Verteidiger von den Spitzen aus eine bessere Sicht und konnten in alle Richtungen feuern.

Goryōkaku (Japan)

Wohnturm

Im Lauf der Zeit entstanden immer mehr Burgen aus Stein. Sie waren nicht nur robuster und langlebiger, sondern sahen auch beeindruckender aus. Der schwer zu zerstörende Wohnturm beherbergte die Herrscherfamilie.

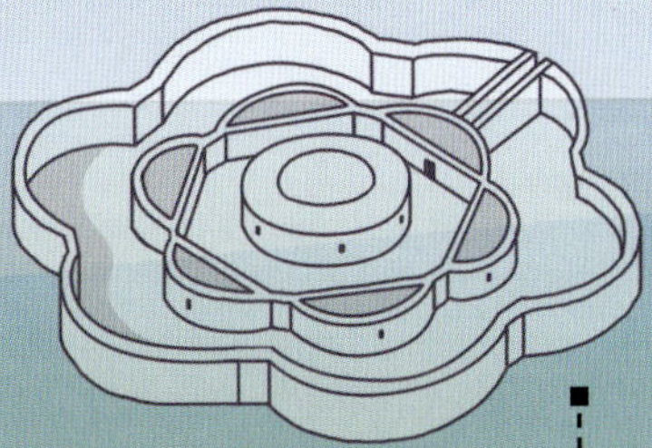

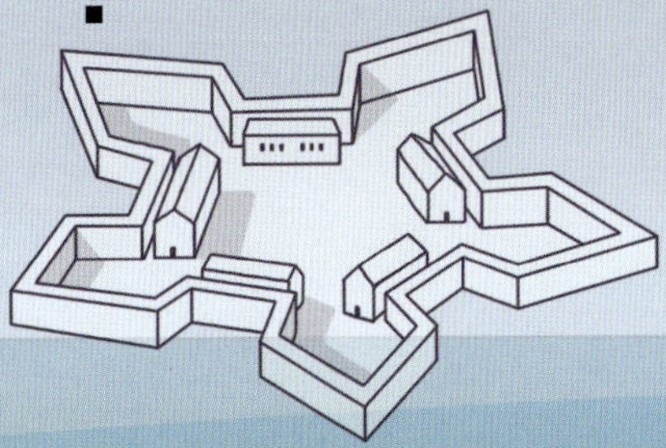

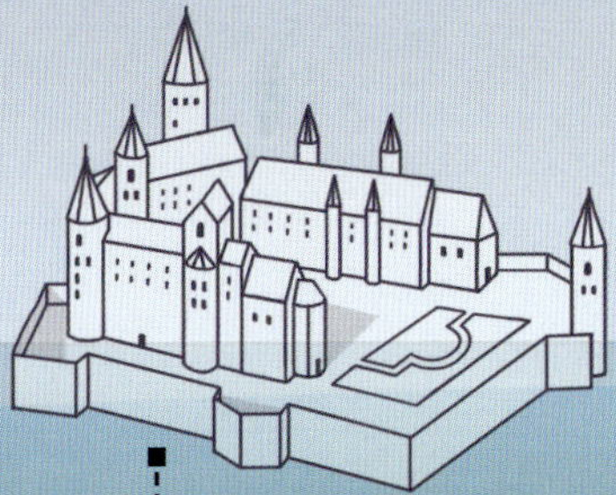

Märchenschloss

Manche Burgen wurden nicht zu Verteidigungszwecken erbaut, sondern sollten einfach nur Reichtum und Macht zeigen. Für diese prachtvollen Schlösser wurden weder Kosten noch Mühen gescheut.

Caerphilly Castle (Wales)

Konzentrische Burg

Eine Ringmauer um die Burg ist gut, aber zwei sind besser. Eine konzentrische Burg verfügte mit einer meist höheren Innenmauer und einer niedrigeren Außenmauer über eine doppelte Ringmauer. Ein zusätzlicher Wassergraben sorgte für noch größeren Schutz.

Schloss Hohenschwangau (Deutschland)

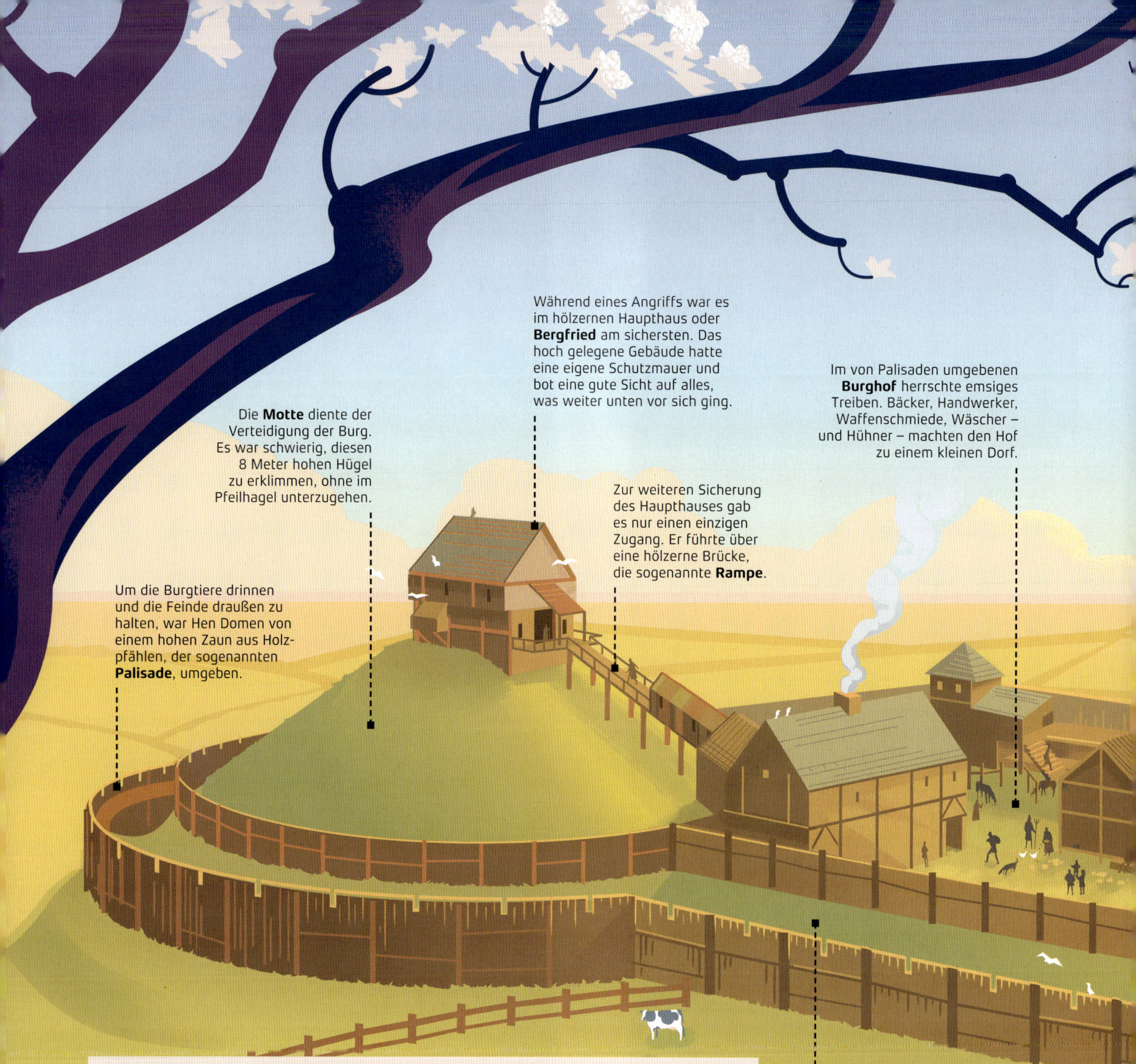

Hen Domen heute

Haus auf dem Hügel

Nachdem König Wilhelm I. von England Lord Roger de Montgomerie etwas Land überlassen hatte, errichtete dieser dort im 11. Jahrhundert Hen Domen. Die Anlage war eine typische Motte mit Burghof und bestand aus Holz. Heute ist nur noch der Mottenhügel erhalten.

Schon gewusst? Die archäologischen Ausgrabungsarbeiten in Hen Domen dauerten ganze 40 Jahre!

Hen Domen

Wales (April 1071)

Plan von Hen Domen (1071)

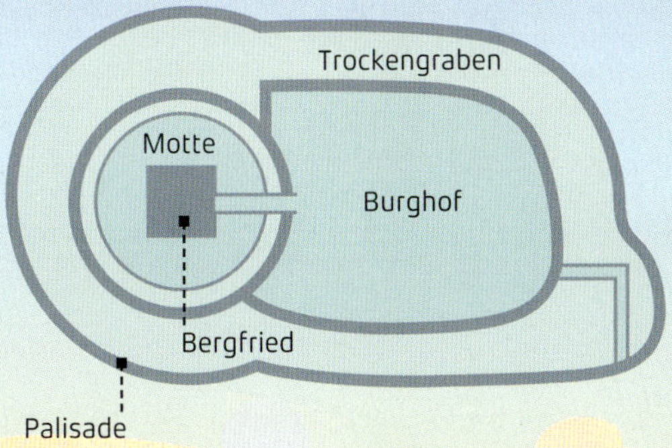

Schon früh am Morgen herrschte geschäftiges Treiben in Hen Domen (Wales). Die Feuerstellen mussten geschürt und die Felder bestellt werden. Hoch oben auf einem gewaltigen Hügel aus aufgeschütteter Erde, der Motte, überragte der Bergfried den vorgelagerten Burghof, der von einer schützenden Palisadenmauer umgeben war. Motte und Burghof wirkten durchaus beeindruckend, obwohl ihre Errichtung schnell vonstattengegangen war. Im Anschluss waren viele Handwerker damit beschäftigt, Häuser für die neuen Bewohner zu bauen.

Hen Domen ist walisisch und bedeutet auf Deutsch „alter Hügel".

Je weniger **Eingänge** bewacht werden mussten, desto sicherer waren die Burgbewohner. Nur ausgesuchte Personen durften das Burggelände betreten.

Ausgrabungen

Warum sind viele Burgen verschwunden? Manche wurden durch Kriege zerstört, andere verlassen und verfielen danach zu Ruinen. Oder sie wurden abgerissen, um neuen Bauwerken Platz zu machen. Die älteren, aus Holz errichteten Burgen sind wahrscheinlich einfach verrottet. Woher also wissen wir etwas über sie? Archäologen graben die Überreste von Burgen aus und decken so deren verborgene Geschichte auf – Geheimnisse, die oft tief in der Erde versteckt liegen.

Barbury Castle (England)

Den Standort entdecken

Ist eine Burg vollständig verschwunden, muss zunächst ihr einstiger Standort gefunden werden. Archäologen sehen sich alte Urkunden und Karten an und verwenden sogar 3-D-Laser-Bildverfahren, um im Gelände Hinweise auf eine verborgene Burg zu entdecken. Manchmal sind an der Oberfläche nur noch die Verteidigungsgräben zu sehen.

Ausgraben

Sobald der Standort gefunden und die Grabung genehmigt wurde, kann es losgehen. Die Archäologen interessieren sich für alles: von den kleinsten Artefakten bis hin zu Gebäude- und Mauerresten. Je tiefer sie graben, desto tiefer dringen sie auch in die Vergangenheit ein.

Werkzeuge

Ein gutes Auge und fachkundiger Umgang mit den richtigen Werkzeugen sind für Ausgrabungen unerlässlich. Manche Gegenstände – wie Artefakte – können leicht zerfallen. Deshalb müssen sie sehr behutsam behandelt werden. Wird ein Artefakt gefunden, löst man es sehr vorsichtig aus der Erde.

Werkzeuge in einem robusten Werkzeugkasten

Kelle zum Abschaben der Erde

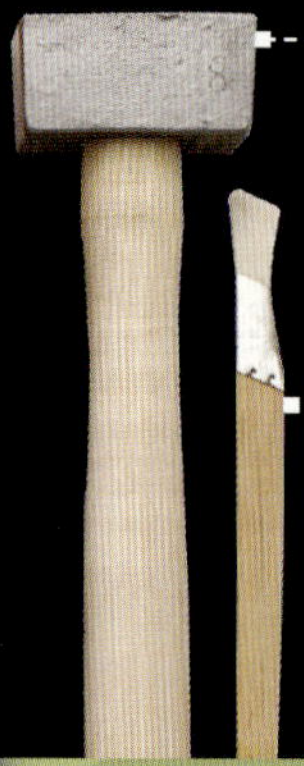

Ein Hammer kann harte Erde aufbrechen.

Ein Pinsel entfernt den Schmutz sanft und vorsichtig.

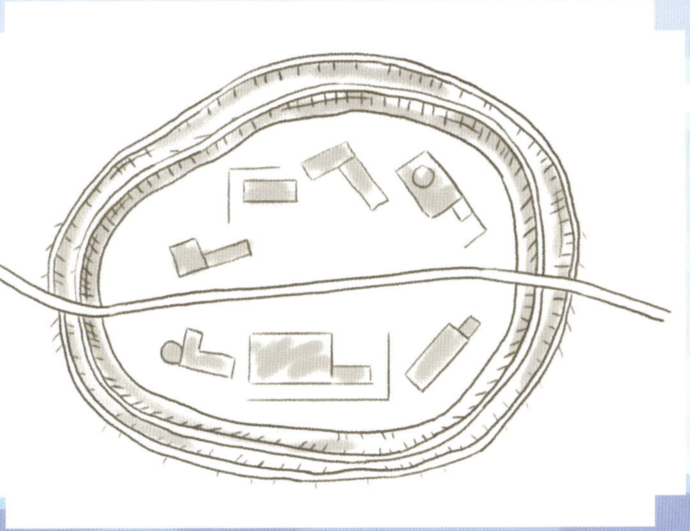

Skizzen

Es muss genau festgehalten werden, wann und wo etwas gefunden wurde. Dazu wird ein Ausgrabungsprotokoll mit Fotografien und Skizzen der Fundstellen angefertigt. So lässt sich später ermitteln, wie die Burg ausgesehen hat und welchen Zweck sie erfüllte.

Artefakte sortieren

Jeder gefundene Gegenstand wird mit einer Nummer versehen, damit man ihn später sicher zuordnen kann. Manche Artefakte werden nach Abschluss der Ausgrabung verpackt und sorgfältig etikettiert, damit sie in einem Labor eingehender untersucht werden können. Dort werden ihr Alter und ihre Zusammensetzung wissenschaftlich analysiert.

Rekonstruieren

Nachdem viele Monate gegraben, geforscht und untersucht wurde, können Spezialisten die Burg rekonstruieren. So entstehen entweder physische oder am Computer erstellte Modelle der ehemaligen Burg. Jetzt kann man eine Zeitreise unternehmen und die Burg bestaunen.

Rekonstruiertes Modell einer Motte mit Burghof

Oxford Castle

England (September 1142)

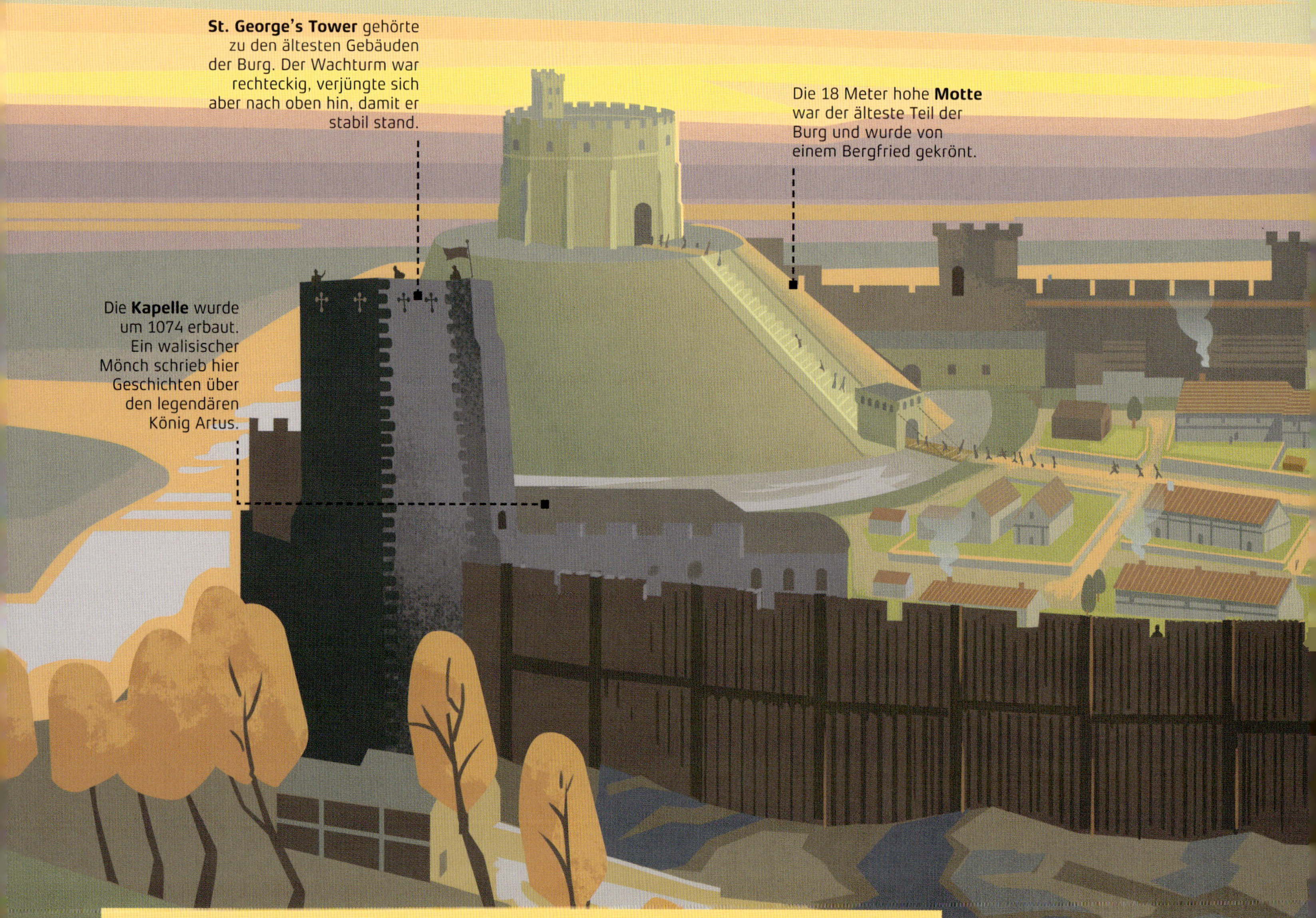

Oxford Castle heute

Normannen-Neubau

Oxford Castle wurde im 11. Jahrhundert von Robert D'Oyly im Auftrag von König Wilhelm I. von England erbaut. Die bestehende hölzerne Motte und der Burghof sollten durch Steinmauern verstärkt werden. Heute befinden sich die Überreste der Burg im Herzen der Stadt Oxford.

Schon gewusst? Die Burg war vom 13. Jahrhundert bis 1966 ein Gefängnis.

Zur Erntezeit auf Oxford Castle setzten die Bauern, Metzger und Fischer alles daran, die Vorratskammern für den Winter zu füllen. Noch wichtiger aber war, dass ein berühmter Gast in der Burg weilte: Kaiserin Mathilde. Sie war die rechtmäßige Königin Englands und stritt sich mit ihrem Cousin Stephan um die Krone. Die meisten Adligen glaubten nicht, dass eine Frau regieren könne, aber Mathilde war entschlossen, den ihr zustehenden Thron einzunehmen. Unglücklicherweise hatte Stephan viele Anhänger, und seine Armee war im Anmarsch, um Mathilde gefangen zu nehmen.

St. George's Tower wurde lange vor Oxford Castle gebaut und später in die Burgmauer eingegliedert.

Wagemutig floh Mathilde aus **St. George's Tower** und entkam über den Fluss.

Überrascht mussten Stephans **Soldaten** feststellen, dass Mathilde geflohen war.

Flucht übers Eis

Stephan wollte den Kampf um die Krone durch die Gefangennahme von Kaiserin Mathilde für sich entscheiden. Doch sie konnte entkommen. Die Kaiserin kletterte über die Burgmauern und glitt auf Schlittschuhen lautlos über den zugefrorenen Fluss, bis sie in Sicherheit war. Am folgenden Tag ergaben sich die Burgbewohner.

Eisige Flucht

Oxford Castle (Dezember 1142)

Im tiefsten Winter belagerte Stephans Armee die Burg, in der Kaiserin Mathilde in der Falle steckte. Sie und ihre Soldaten kauerten hinter den dicken Mauern von St. George's Tower und mussten mit ansehen, wie die Lebensmittelvorräte von Tag zu Tag schrumpften. Als Fluss und Wassergraben zufroren, schmiedeten sie einen riskanten, aber cleveren Fluchtplan. Mitten in der Nacht schlichen sich die Kaiserin und drei ihrer Ritter aus der Burg.

Die mittelalterliche Gesellschaft

Die Gesellschaft war streng hierarchisch geprägt. Stell dir eine Pyramide mit dem König an der Spitze, den Adligen darunter und den Bauern am unteren Ende vor. Man bezeichnet dieses Prinzip als Feudalsystem. Der König nahm Einfluss auf beinahe alle Dinge des Lebens.

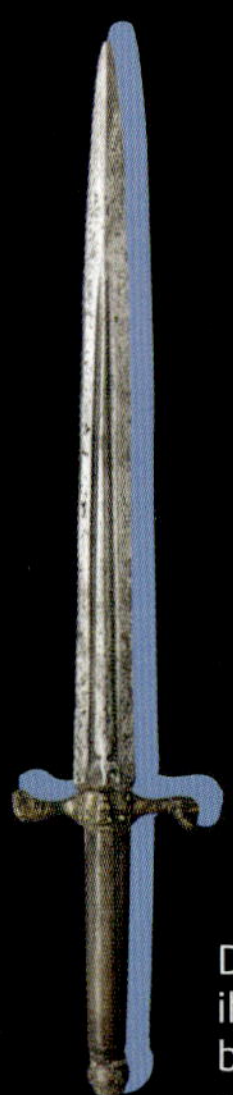

Die Ritter waren zu ihrer Verteidigung bewaffnet, auch mit solchen **Dolchen**.

Die **Krone** des Monarchen war das Symbol seiner Macht.

Die Bischöfe trugen einen Stab, der oben gebogen war, den sogenannten **Krummstab**.

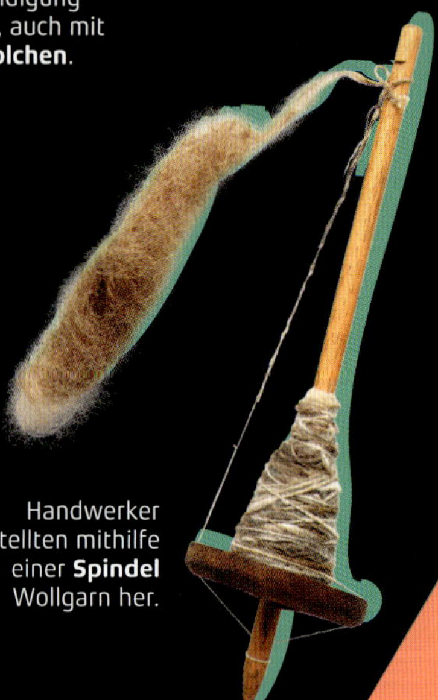

Handwerker stellten mithilfe einer **Spindel** Wollgarn her.

Mit einer **Heugabel** luden Bauern Heuballen auf und ab oder wendeten damit das Heu.

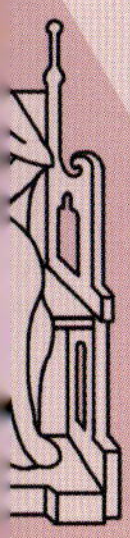

Monarch

Die Königsherrschaft war unumschränkt. Könige oder Königinnen konnten fast jede Entscheidung für das Land treffen. Sie erließen Gesetze und erklärten oder beendeten Kriege. Ihnen gehörte das Land und sie waren für ihre Untergebenen verantwortlich.

Japanische Gesellschaft

Seit dem 17. Jahrhundert hatte auch Japan 250 Jahre lang ein Feudalsystem. An der Spitze stand der Kaiser als Monarch. Ihm folgte der Shogun, der die als Daimyos bezeichneten Adligen beherrschte. Der erste Shogun war Tokugawa Ieyasu.

Tokugawa Ieyasu

Adlige und Bischöfe

Die Adligen unterstanden dem König und dienten ihm als Gegenleistung für die ihnen überlassenen Ländereien. Sie lebten oft in Burgen. Im Mittelalter spielte die Religion eine wichtige Rolle in der Gesellschaft. Bischöfe waren hochrangige Mitglieder der Kirche und lebten häufig in eigenen Burgen.

Klerus und Ritter

Untergeordnete Vertreter der Kirche, wie Priester und Nonnen, unterstanden den Bischöfen. Im Gegensatz zu vielen anderen Menschen konnten die meisten Geistlichen lesen und schreiben. Ein Ritter war seinem Herrn oder seiner Dame treu ergeben und zog für sie in den Kampf.

Handwerker und Vögte

Handwerker verdienten mit der Herstellung von Waren, wie Rüstungen, Schuhen oder Kerzen, ihren Lebensunterhalt und waren oft sehr angesehen. Vögte halfen ihrem Herrn oder ihrer Dame bei der Verwaltung der Ländereien oder arbeiteten an Gerichtshöfen.

Diener und Bauern

Die meisten Menschen waren Bauern. Adlige verpachteten ihnen kleine Bauernhöfe und sie mussten dafür einen Teil der Ernte abtreten. Viele Bauern arbeiteten sogar als Leibeigene für ihren Herrn.

Burg Kerak

Jordanien (November 1183)

Burg Kerak war eine mächtige Kreuzritterburg. Saladin, der Sultan von Ägypten und Syrien, zog in den Kampf und belagerte das beeindruckende Bauwerk, weil der Burgherr Renaud de Châtillon die umliegenden Städte angegriffen hatte. Zu dieser Zeit fand dort jedoch eine große Hochzeit statt: Renauds Erbe, Humfried IV. von Toron, vermählte sich mit Isabella von Jerusalem. Saladin ließ sich davon nicht aufhalten, verzichtete aber darauf, seine Waffen auf die Gemächer des Brautpaars zu richten. Schließlich kamen Renauds Anhänger zu Hilfe und Saladin musste sich zurückziehen.

Renaud ließ den Gefangenen Kisten über den Kopf stülpen und sie dann von den Burgmauern werfen.

Die Burg erhob sich auf einer schroffen Felswand und verfügte über ein **Glacis** – eine schräge Steinwand am unteren Ende der Außenmauern –, damit Angreifer es schwer hatten, sie zu erklimmen.

Die Verteidiger der Burg sollen **Saladin** mit Essen und Wein beschenkt haben, um ihn davon abzuhalten, während der Hochzeit anzugreifen.

Burg Kerak heute

Felsenburg

Burg Kerak (Zentraljordanien) wurde im 12. Jahrhundert von König Fulko von Jerusalem errichtet. Im 13. Jahrhundert erweiterte Baibars, der Sultan von Ägypten, die Verteidigungsanlagen, doch im 19. Jahrhundert wurde ein Großteil der Burg zerstört.

Schon gewusst? Kerak ist eine Spornburg, da sie auf einem Hügel oder Bergsporn errichtet wurde.

Die **Gemächer** von Prinzessin Isabella und Humfried IV., dem frisch vermählten Paar, blieben von Angriffen verschont.

Ein tiefer **Trockengraben** trennte die Burg vom Torhaus. Nach und nach wurde er weiter verbreitert. Auch ohne Wasser war er für mögliche Angreifer ein großes Hindernis.

Mit Belagerungswaffen wie zum Beispiel mit **Katapulten** versuchte Saladins Armee, eine Bresche in die Festungsmauern zu schlagen.

Zum Ritter werden

So mancher Junge träumte davon, ein Ritter zu werden. Tapfere Krieger konnten für hervorragende Leistungen im Kampf zum Ritter geschlagen werden, aber das war nicht der normale Weg zur Ritterschaft. Erst nach jahrelanger Ausbildung und anstrengendem Training konnte ein Ritteranwärter als junger Mann schließlich mit dem Schwert den Ritterschlag erhalten.

Page

Ein Junge begann im Alter von sieben Jahren mit der Ausbildung zum Ritter. Er lebte bei einem Fürsten oder Ritter, erledigte allerlei einfache Arbeiten und überbrachte Nachrichten. Er lernte lesen, schreiben, jagen und kämpfen.

Jeder Knappe erhielt ein eigenes **Schwert**. Er musste versprechen, es respektvoll und ehrenhaft einzusetzen.

Der geschickte Umgang mit dem **Buckler**, einem kleinen, runden Schild, war eine wichtige Voraussetzung für einen erfolgreichen Nahkampf.

Knappe

Mit 14 Jahren wurde aus dem Pagen ein Knappe. Er erhielt besondere Aufgaben im Haus des Fürsten. So durfte er nun Rüstungen reinigen oder bei Banketten servieren. Seine Ausbildung wurde vertieft, und er lernte außerdem, in einer Rüstung zu kämpfen.

Ritterkodex

Gute Manieren und soziale Fähigkeiten waren für die Ritterschüler ebenso wichtig wie die Kampfausbildung. Der Ritterkodex verlangte mutiges, freundliches sowie ehrenhaftes Verhalten, das einen guten Ritter auszeichnete.

Nur eine wohlhabende Familie konnte sich eine **Rüstung** leisten, daher entstammten Ritter meist adligen Familien.

Am Familienwappen auf dem **Schild** konnte man den Ritter erkennen.

Ritter mussten ausgezeichnete Reiter sein.

Ausbildung eines Knappen

Ein Knappe war nicht nur der Diener seines Fürsten oder Ritters, dessen Umgangsformen er lernen musste, sondern er wurde auch im Kampf ausgebildet. Das war harte Arbeit. Manchmal wurde mit schwereren Waffen geübt, damit der echte Kampf später leichter erschien.

Nahkämpfe wie z.B. **Ringkämpfe** sollten die körperliche Stärke eines Knappen steigern.

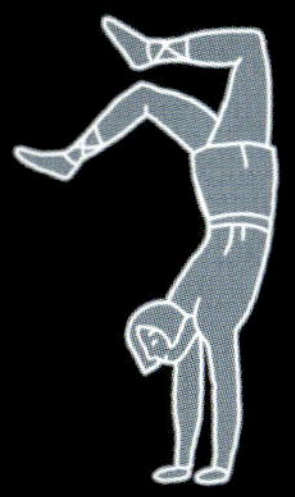

Akrobatische und **gymnastische Übungen** förderten die Beweglichkeit des jungen Knappen.

Feinde konnten mit **Speeren** bekämpft werden. Um richtig zu zielen, bedurfte es jedoch viel Übung.

Knappen übten im Training mit schweren Holzstangen, den sogenannten **Schlagstöcken**, um ihre Kampftechnik zu verbessern.

Ritter

Im Alter von etwa 21 Jahren konnte ein Knappe zum Ritter geschlagen werden. Während der Zeremonie wurden ihm ein Adelstitel und mit einem leichten Schwertschlag auf die Schulter die Ritterwürde verliehen.

Château Gaillard

Frankreich (August 1203)

Plan von Château Gaillard (1203)

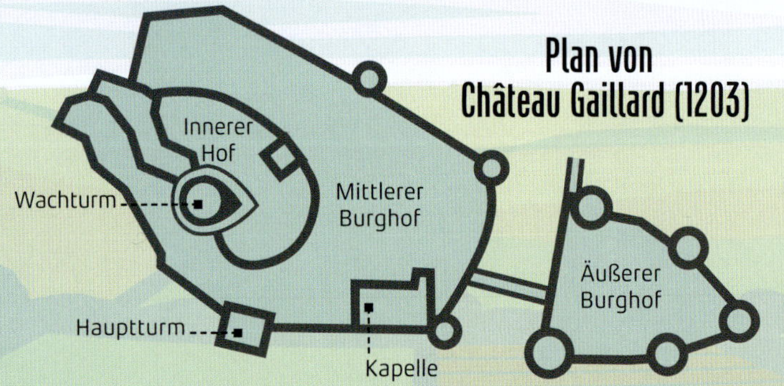

Château Gaillard heute

Widerstand am Fluss

König Richard I. erbaute Château Gaillard zwischen 1196 und 1198 in kaum zwei Jahren, um die damals englische Normandie vor Frankreich zu schützen. Die Herrschaft über die Burg wechselte mehrmals zwischen England und Frankreich. Im 15. Jahrhundert wurde sie schließlich aufgegeben.

Schon gewusst? Im Jahr 1314 wurden zwei künftige Königinnen Frankreichs in den unterirdischen Kellerzellen von Château Gaillard gefangen gehalten.

Die Sommersonne erwärmte die französische Landschaft der Normandie und der Fluss Seine kräuselte sich unter den hoch aufragenden Mauern von Château Gaillard. Die Burg war von König Richard I. errichtet worden, um die englischen Gebiete in Frankreich zu verteidigen. Nun herrschte dort sein Bruder, König Johann Ohneland. Doch es war Gefahr im Verzug – denn die französische Armee war auf dem Vormarsch. Als sich die Soldaten den Stadtmauern von Les Andelys näherten, geriet die Bevölkerung in Panik und floh in größter Eile hinter die sicheren Burgmauern.

Stünde die New Yorker Freiheitsstatue in Les Andelys, würde ihre Fackel gerade bis zu Château Gaillard emporreichen.

Richard Löwenherz

König Richard I. von England hatte sich durch seine Tapferkeit im Kampf den Beinamen „Löwenherz“ verdient. Sein Vater überließ ihm Gebiete in Frankreich, und Richard baute zu deren Schutz Château Gaillard. Man sagt, er habe das Schloss selbst entworfen. Sein Bruder, König Johann Ohneland, wurde sein Nachfolger.

Unter Belagerung

Château Gaillard (März 1204)

Sechs Monate später war die Sonne dem kalten Winter gewichen und das französische Heer belagerte die Burg noch immer. Die Engländer waren hinter den Burgmauern zwar sicher, doch die Verteidigungsanlagen, die die Franzosen auf Distanz hielten, verhinderten auch die Versorgung mit Nachschub. Bis zuletzt versuchte König Johann Ohneland die Burg zu halten, und die Engländer wehrten einen Angriff nach dem anderen ab – doch vergeblich! Denn schließlich fanden die Franzosen einen Weg in die Burg: durch einen Abortschacht!

Das Ende des Angriffs

Nachdem einige Soldaten sich durch den Abortschacht Zutritt zur Burg verschafft hatten, öffneten sie die Burgtore für die anderen. Die Engländer wurden überwältigt und ergaben sich. Der Verlust von Château Gaillard war ein schwerer Schlag für König Johann Ohneland. England hatte die Normandie verloren.

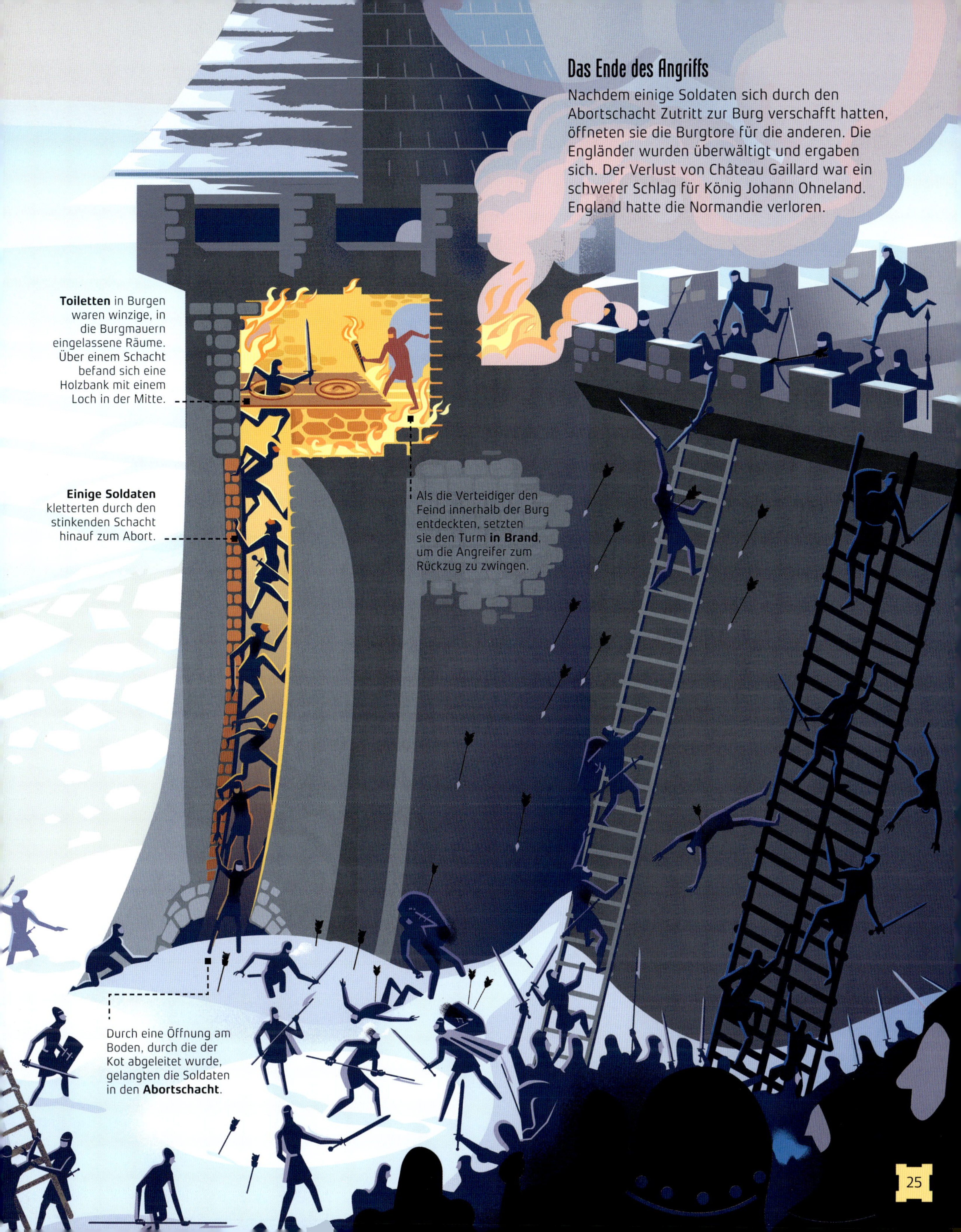

Waffen für eine Belagerung

Katapult

Diese Wurfmaschine war eine überdimensionale Armbrust. Sie wurde erstmals um 400 v. Chr. von den alten Griechen verwendet und konnte schwere Gegenstände über weite Strecken schleudern.

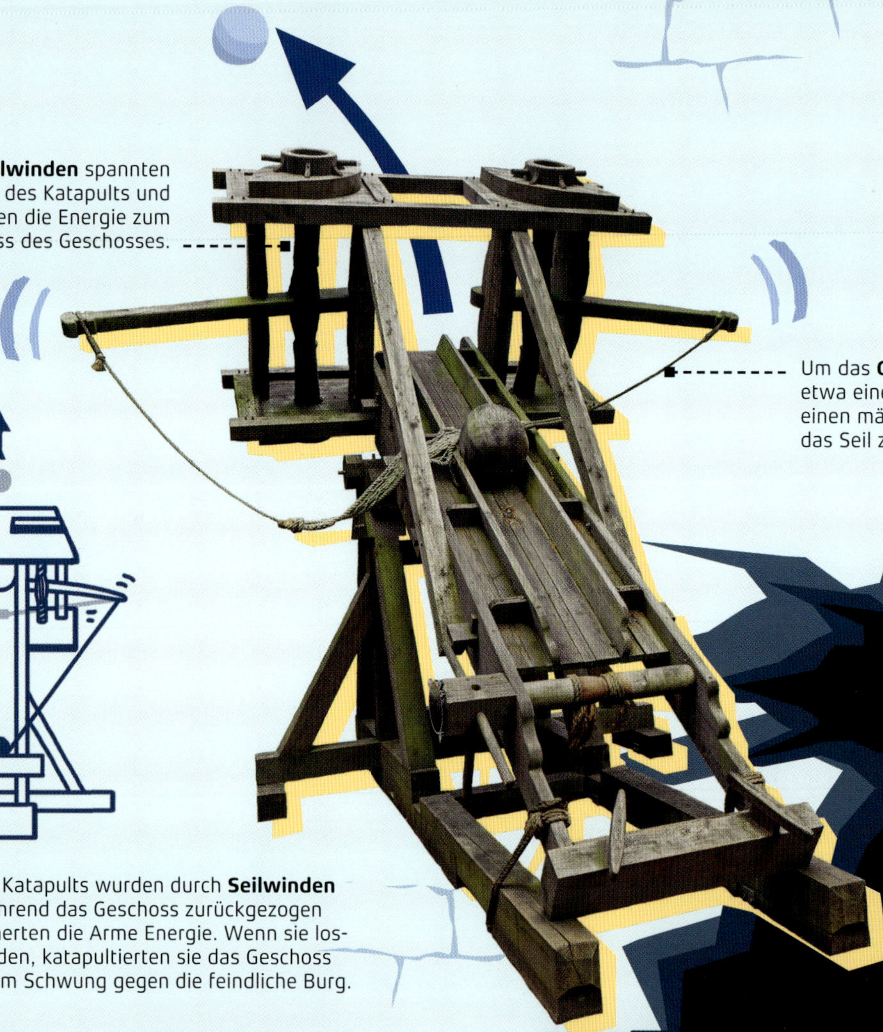

Zwei **Seilwinden** spannten die Arme des Katapults und speicherten die Energie zum Abschuss des Geschosses.

Um das **Geschoss** abzuschießen, etwa einen spitzen Bolzen oder einen mächtigen Stein, wurde das Seil zurückgezogen.

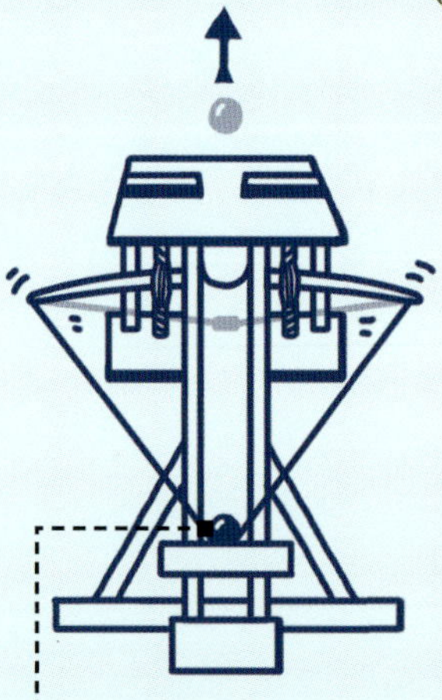

Die Arme des Katapults wurden durch **Seilwinden** gehalten. Während das Geschoss zurückgezogen wurde, speicherten die Arme Energie. Wenn sie losgelassen wurden, katapultierten sie das Geschoss mit gewaltigem Schwung gegen die feindliche Burg.

Belagerungsturm

Angreifer waren im Turm geschützt und konnten so mit dem Turm direkt an die Burgmauern herangeschoben werden.

Über **Leitern** im Inneren des Turms gelangten die Soldaten bis ganz nach oben.

Der Turm stand auf **Rädern**, sodass die Angreifer ihn leicht bewegen konnten.

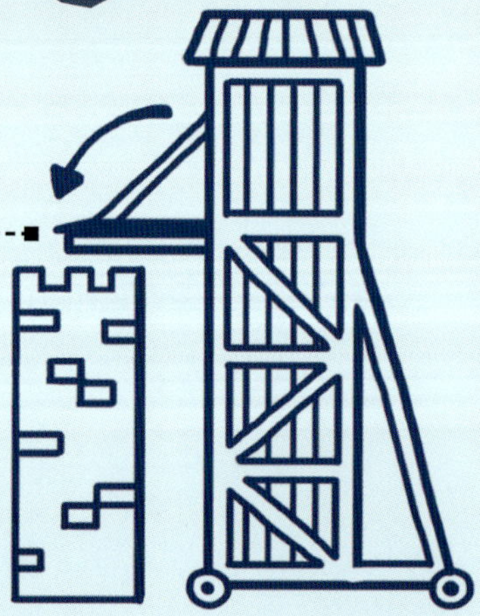

Sobald der Turm die Burgmauern erreicht hatte, wurde oben eine **Falltür** heruntergelassen, durch die die Angreifer direkt auf die Burgmauern gelangen konnten.

Rammbock

Gab es keine Möglichkeit, über die Burgmauern zu klettern oder sie zu untergraben, versuchte man, das Burgtor mit einem Rammbock einzuschlagen.

Dank der **Räder** konnten die Angreifer dem Rammbock noch mehr Schwung verleihen.

Ein schwerer **Baumstamm** wurde an Ketten oder Seilen aufgehängt, sodass er hin- und hergeschwungen werden konnte, um selbst die dickste Holztür zu zertrümmern.

Schuss! Knall! Bumm! Mächtige Belagerungsmaschinen wurden eingesetzt, um Burgen anzugreifen. Manche sollten Mauern niederreißen, andere den Angreifern Zutritt in die Burg verschaffen. Die Waffen sahen zwar Furcht einflößend aus, waren aber nicht immer besonders wirkungsvoll. Sie konnten nur langsam nachgeladen werden und verfehlten oft ihr Ziel. Außerdem waren Burgen mit ihren hohen, soliden Mauern dafür gebaut worden, um ihnen standzuhalten.

Als **Geschosse** dienten abgerundete Felsbrocken. Auch Brandsätze, Tierkadaver, Bienenstöcke, sogar Pestleichen kamen zum Einsatz.

Blide

Diese Superschleuder konnte schwere Steine gegen die Burgmauern und über sie hinweg werfen, um die Mauern oder dahinter liegende Gebäude zu beschädigen und zum Einsturz zu bringen.

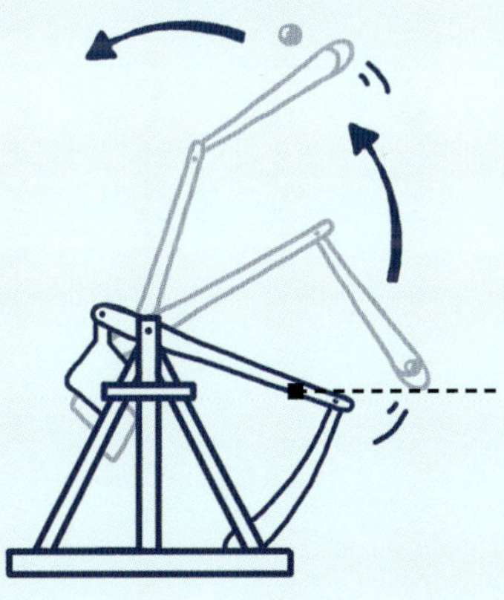

Die Blide funktionierte durch ein **Gegengewicht** auf der kurzen Seite des Arms. Wurde es fallen gelassen, schwang das andere Ende des Balkens nach oben und schleuderte das Geschoss mit großer Kraft und Geschwindigkeit in die gewünschte Richtung.

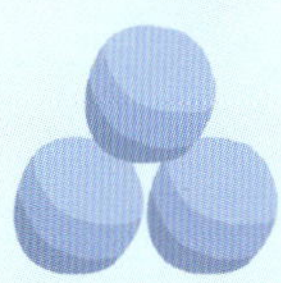

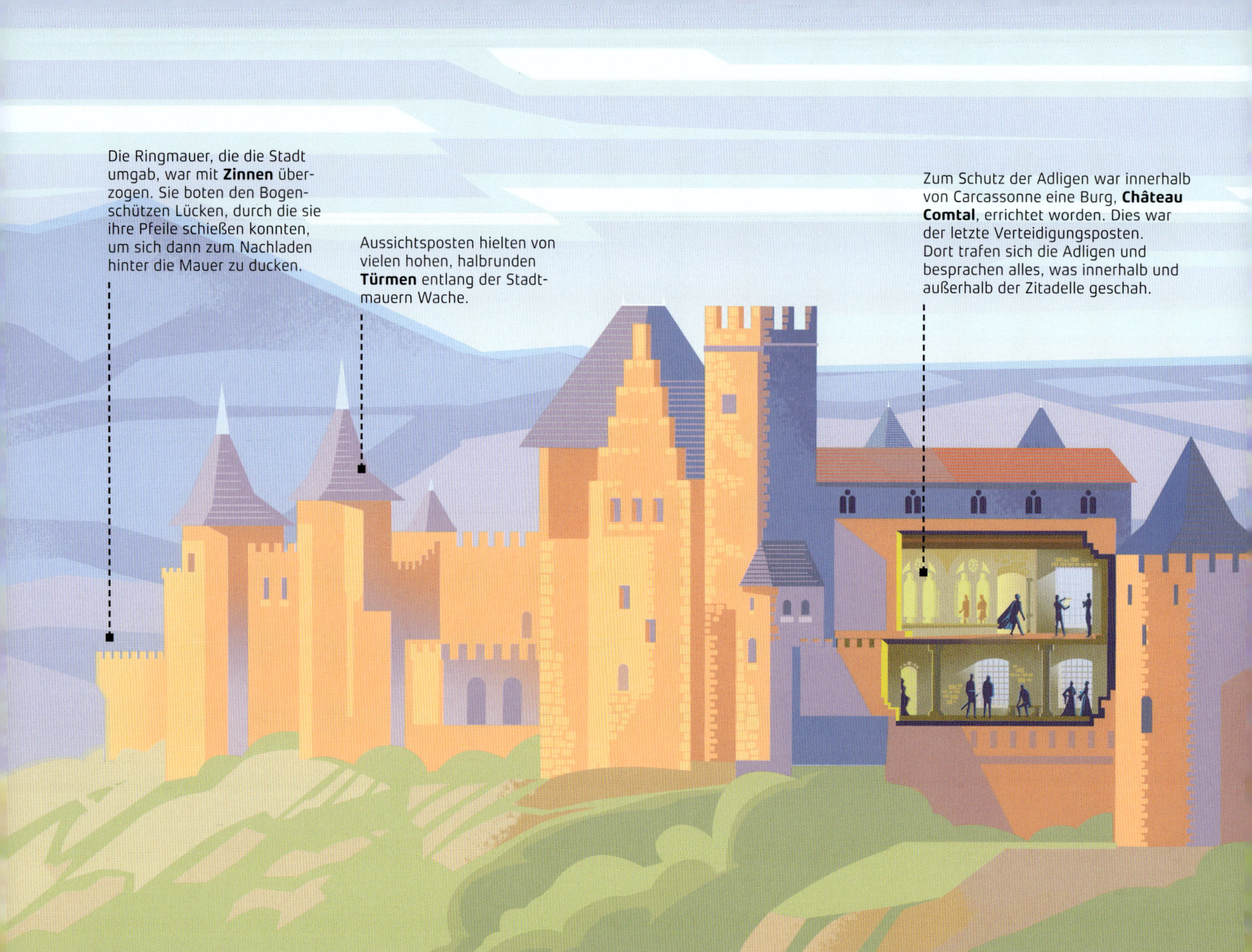

Carcassonne

Frankreich (August 1209)

Die gewundenen Mauern und hohen Türme der Festungsstadt Carcassonne flirrten in der Mittagshitze, aber es lag eine unruhige Anspannung in der Luft. Die strategische Lage von Carcassonne hatte die Stadt immer wieder zum Ziel von Angriffen gemacht. Der Herr der Zitadelle, Raimund-Roger Trencavel, war dazu bestimmt, das nächste Opfer eines Kreuzzugs gegen seine Bürger zu werden. Ein Turmwärter bemerkte etwas, als er den Horizont absuchte. Er blinzelte in die helle Sommersonne. Marschierte dort in der Ferne etwa eine Armee heran?

Plan von Carcassonne (1209)

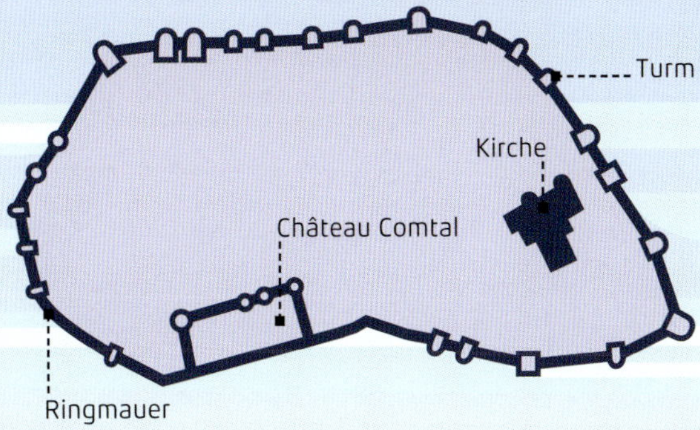

Die Ringmauer um Carcassonne war mehr als einen Kilometer lang.

Die Verteidiger der Stadt patrouillierten auf den **Stadtmauern** – dort gab es schmale Wehrgänge direkt hinter den Zinnen. So konnten sie die Umgebung aus der Vogelperspektive beobachten.

Carcassonne heute

Befestigte Stadt

Die Geschichte Carcassonnes beginnt als befestigte Römersiedlung Carcaso um 100 v. Chr. Im Lauf der Jahrhunderte wurde sie erweitert, und im 13. Jahrhundert kam eine zweite Ringmauer hinzu. Bis zum 19. Jahrhundert war Carcassonne dem Verfall preisgegeben, doch dann wurde es restauriert und ist heute eine beliebte Touristenattraktion.

Schon gewusst? Im 20. Jahrhundert wurde innerhalb der Stadtmauern ein Amphitheater im römischen Stil errichtet.

Die Verteidiger von Carcassonne verbargen sich in den **Türmen** und beschossen die Angreifer mit Pfeilen oder bewarfen sie mit Steinen.
Feuer war eine ausgezeichnete Angriffswaffe. Während der Belagerung war die Wasserversorgung abgeschnitten worden und die Flammen konnten sich ungehindert ausbreiten.
Um über die Stadtmauern zu gelangen, bauten die Angreifer einen **Belagerungsturm**. Sie bestiegen ihn, um den Wehrgang auf der Mauerkrone zu erreichen.
Die **Katze**, ein fahrbares Schutzhaus, war an die Mauer gerollt worden. Unter ihrem Dach konnten die Angreifer Löcher in die Stadtmauer schlagen. Manche Katzen hatten auch krallenartige Sporne, die sich in die Mauer bohrten.
Bogenschützen versteckten sich hinter großen, aufgestellten **Schilden**. So konnten sie ihre Bogen ungestört nachspannen.

Angriff der Kreuzritter

Carcassonne (August 1209)

Die angreifenden Ritter befanden sich auf einem Kreuzzug und ließen sich durch die starken Verteidigungsanlagen von Carcassonne nicht abschrecken. Sie wollten die Katharer besiegen, eine religiöse Gemeinschaft, die sich von der katholischen Kirche losgesagt hatte und von denen viele in Carcassonne lebten. Nur sechs Tage zuvor hatten die Kreuzritter ein nahe gelegenes Dorf niedergebrannt. Die Verhandlungen zwischen beiden Seiten waren ergebnislos verlaufen. Die Belagerung hatte begonnen! Welches Schicksal erwartete die Bürger von Carcassonne?

Eine **Überdachung** aus Holz bot den Verteidigern auf dem Wehrgang Schutz, während sie den Feind abwehrten.

Die Angreifer füllten die **Verteidigungsgräben** mit Erde, damit die Belagerungswaffen direkt an die Mauern herangeschoben werden konnten.

Die Angreifer durchbrachen die **Festungsmauern** und jagten viele Bürger von Carcassonne unbekleidet aus der Stadt.

Mit der **Blide** wurden Steine und Brandsätze über die Mauern geschleudert.

Siegreiche Kreuzritter

Nach nur sechs Tagen war Carcassonne verloren. Viele Menschen waren tot, und es gab kaum noch Wasser. Raimund-Roger wurde gefangen genommen und die Stadt ergab sich. Die Bewohner wurden aus der Stadt vertrieben.

Burgberufe

Die Versorgung und Instandhaltung einer Burg erforderte eine Vielzahl von Arbeitern. Manche Bedienstete wohnten in der Burg selbst, während andere in Hütten auf dem Burggelände unterkamen. Es waren ganz unterschiedliche Berufe vertreten, wie Waffenschmied, Händler, Koch, Küchenmeister oder sogar Rattenfänger. Der Burgverwalter sorgte zusammen mit der Burgherrin dafür, dass alle notwendigen Arbeiten erledigt wurden.

Küchenmeister

In den Burgküchen gab es eine Speisekammer mit Brot und anderen Lebensmitteln sowie eine weitere Kammer für die Wein- und Biervorräte. Für diese Bereiche war der Küchenmeister zuständig – eine wichtige Aufgabe, denn die Produkte war zum Teil sehr teuer.

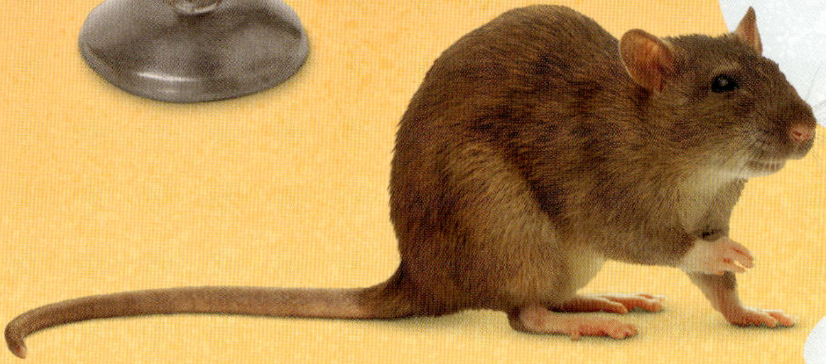

Rattenfänger

Lästige Ratten nagten an den Nahrungsvorräten der Burg und übertrugen gefährliche Krankheiten. Der Rattenfänger fing die Schädlinge mit Fallen ein. Er genoss in der Burg hohes Ansehen.

Koch

Der Küchenchef der Burg beaufsichtigte die Köche, von denen es oft viele gab – Chefköche, Bratköche, Suppenköche, Soßenköche und solche, die nur für die Speisekammern und Vorräte verantwortlich waren.

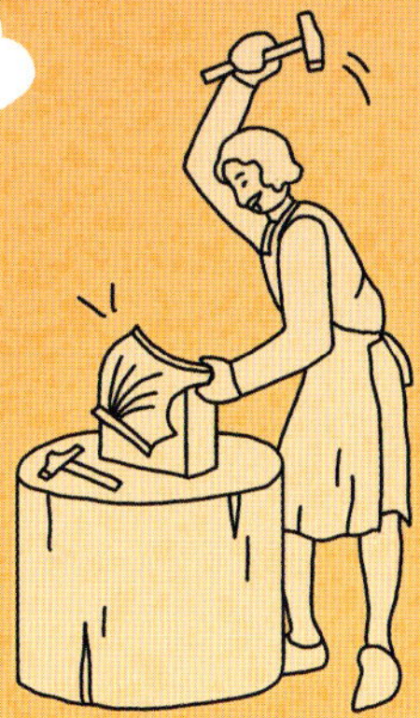

Schmied

Eine anspruchsvolle Aufgabe hatte der Schmied. Er musste unter anderem Rüstungen nach Maß herstellen, sie reparieren und pflegen. Geschickt hämmerte und schweißte er die Rüstungen zusammen und passte sie an.

Wachszieher

Steinmauern und kleine Fenster ließen nicht viel Licht in die Räume einer Burg. Kerzen waren die wichtigste Lichtquelle. Der Wachszieher war für die Herstellung der Kerzen verantwortlich und musste dafür sorgen, dass immer genügend vorhanden waren.

Mit einem **Hammer** bearbeitete der Schmied das Metall.

Auf einem Metallblock, dem **Amboss**, wurde die Rüstung geformt.

Abortreiniger

Die Aborte einer Burg waren recht einfach. Man saß auf einem Holzbrett oder einer Steinplatte mit einem Loch darin und die Ausscheidungen fielen in den Burggraben oder eine Sickergrube. Der Abortreiniger musste die Grube regelmäßig leeren, denn sonst hätte es entsetzlich gestunken.

Stets zu Diensten

Der Burgherr und seine Familie hatten Bedienstete, die sie umsorgten. Die Diener servierten die Mahlzeiten, halfen den Adligen beim Ankleiden und leerten Nachttöpfe, die im Schlafzimmer für nächtliche Toilettengänge bereitstanden.

Plan des Krak des Chevaliers (1271)

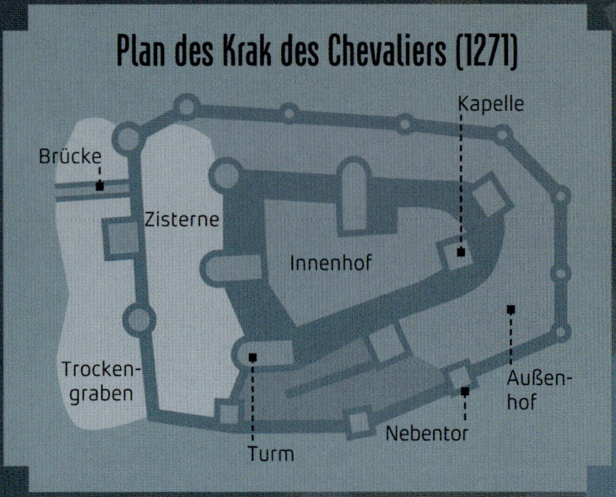

Im Jahr 1170 zerstörte ein Erdbeben die ursprüngliche Kapelle.

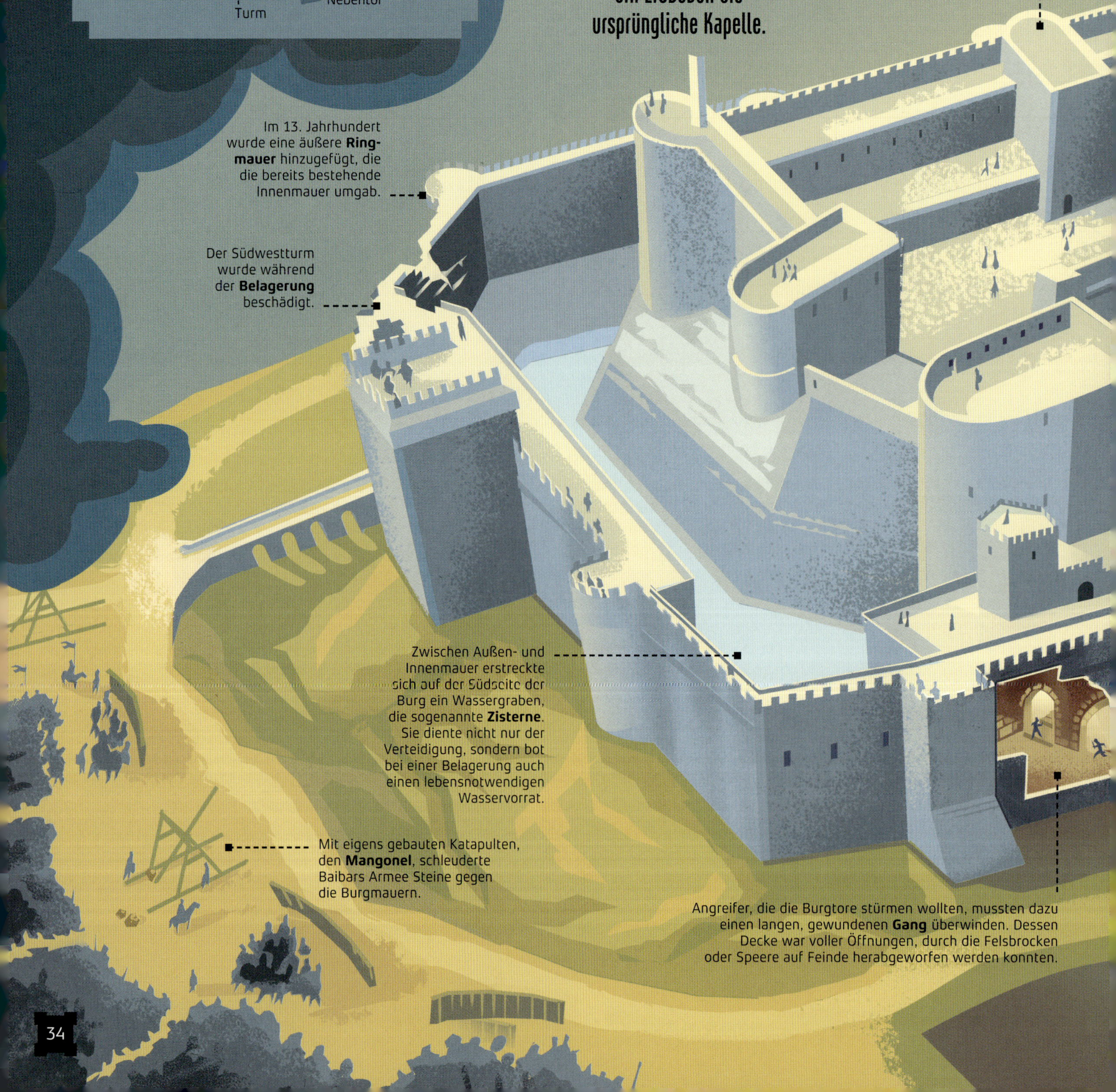

Einige **Verteidigungstürme** waren nicht quadratisch, sondern leicht abgerundet wie der Buchstabe D. Das war nicht unpraktisch, denn so konnten Angreifer ihre Belagerungsmaschinen nicht an die abgerundete Außenseite anlehnen.

Im 13. Jahrhundert wurde eine äußere **Ringmauer** hinzugefügt, die die bereits bestehende Innenmauer umgab.

Der Südwestturm wurde während der **Belagerung** beschädigt.

Zwischen Außen- und Innenmauer erstreckte sich auf der Südseite der Burg ein Wassergraben, die sogenannte **Zisterne**. Sie diente nicht nur der Verteidigung, sondern bot bei einer Belagerung auch einen lebensnotwendigen Wasservorrat.

Mit eigens gebauten Katapulten, den **Mangonel**, schleuderte Baibars Armee Steine gegen die Burgmauern.

Angreifer, die die Burgtore stürmen wollten, mussten dazu einen langen, gewundenen **Gang** überwinden. Dessen Decke war voller Öffnungen, durch die Felsbrocken oder Speere auf Feinde herabgeworfen werden konnten.

Krak des Chevaliers

Syrien (März 1271)

Regen brachte den erbitterten Kampf um den Krak des Chevaliers vorübergehend zum Stillstand. Soldaten unter der Führung von Baibars, dem Sultan von Ägypten, hatten die Festung angegriffen. Bisher hatten sich die Kreuzritter erfolgreich widersetzt und den Anwohnern innerhalb der Burgmauern Zuflucht geboten. Kurz darauf fiel die Außenmauer. Mithilfe eines gefälschten Briefs, der angeblich von ihrem Oberbefehlshaber stammen sollte, sorgte Baibars dafür, dass sich die Kreuzritter ergaben.

Krak des Chevaliers heute

Kreuzritterfestung

Die von Emir Shibl al-Dawla Nasr von Aleppo (Syrien) im 11. Jahrhundert errichtete Burg wurde nur ein Jahrhundert später von den Kreuzrittern erobert. Nach einem Erdbeben wurde sie im 13. Jahrhundert neu errichtet. Im Syrienkrieg wurde die Burg seit 2011 wiederholt beschädigt und verwüstet.

Schon gewusst? In den riesigen Lagern der Burg konnten Lebensmittel und Vorräte für fünf Jahre aufbewahrt werden.

Burg-verteidigung

Fallgitter

Um den Eingang zur Burg zu blockieren, konnte ein schweres Fallgitter vor dem Tor heruntergelassen werden. Fallgitter waren meist aus Holz, das manchmal mit einer Eisenschicht überzogen war.

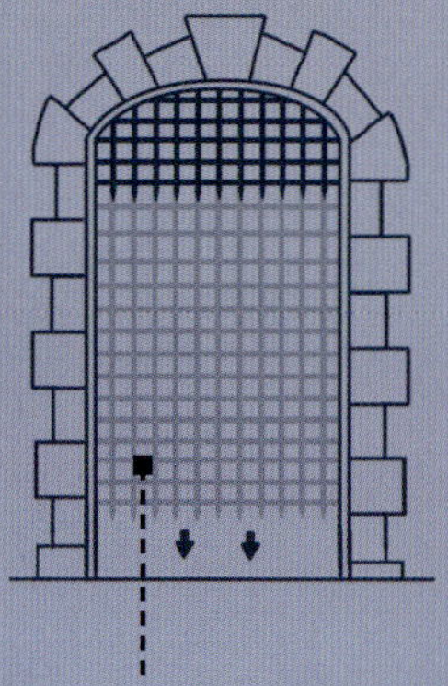

Durch das Fallgitter konnten **Pfeile** abgeschossen werden.

Graben

Der Burggraben, etwa ein Wasser- oder Trockengraben, machte es unmöglich, die Burg zu untertunneln oder Belagerungswaffen an sie heranzurollen.

Die **Angreifer** mussten durch den Graben waten oder schwimmen, um die Burg zu erreichen.

Zinnen

Viele Burgmauern waren mit Zinnen ausgestattet. Hinter diesen zahnartigen gemauerten Aufsätzen konnten die Soldaten bei Angriffen in Deckung gehen und nachladen, um dann ihre Pfeile durch die Lücken zwischen den Zinnen abzufeuern.

Mörderlöcher

Das waren Öffnungen in der Decke des Torhauses, durch die die Verteidiger der Burg schwere Steine, kochendes Wasser oder brennendes Öl auf die Eindringlinge herabregnen ließen.

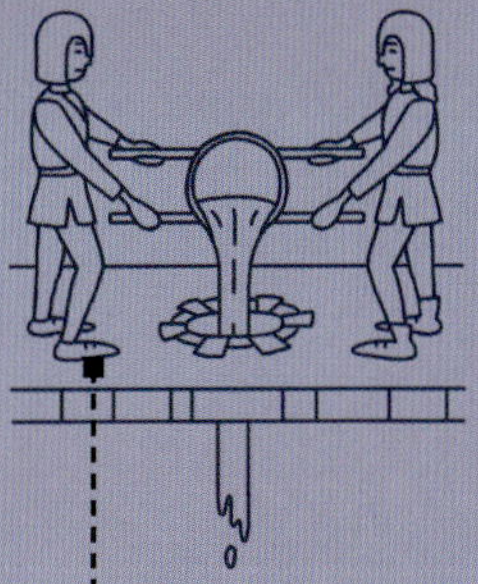

Die **Verteidiger** konnten den Feind aus einem sicheren Raum über dem Torhaus angreifen.

Ein gut zu verteidigender Standort einer Burg, etwa auf einer Anhöhe, erschwerte jeden Angriff. Zusätzlich schreckten hohe, dicke Mauern viele Feinde ab. Doch die Burgenbauer kannten noch eine Reihe anderer Tricks, um die Burgen besonders sicher zu machen. Sie wurden mit der Zeit und der technischen Entwicklung neuer Waffen immer raffinierter. Eine klug erbaute Burg war beinahe uneinnehmbar.

Zugbrücke

Der Eingang zur Burg war die am schwersten zu verteidigende Stelle. Eine Zugbrücke, die über den Graben führte und hochgezogen werden konnte, war eine gute Lösung. So war das Tor abgeschottet.

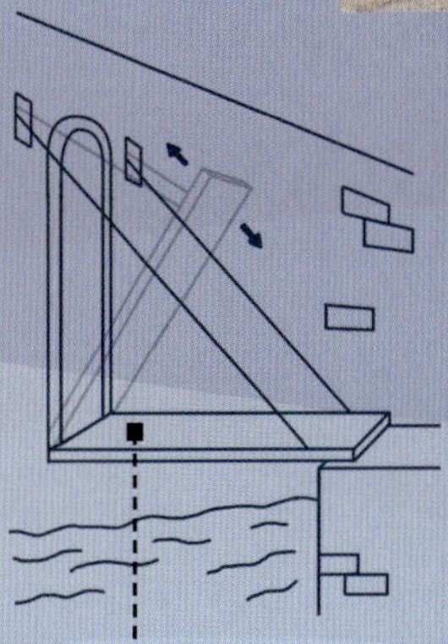

Bei hochgezogener **Zugbrücke** war die Burg vollständig vom Graben umschlossen.

Zinnen erleichterten die Verteidigung der Burg.

Sicheres Fundament

Manche Burgen wurden nicht nur auf einer Anhöhe erbaut, sondern besaßen vor den Mauern noch eine ansteigende Aufschüttung, ein sogenanntes Glacis. Niemand konnte sich so unbemerkt nähern oder unter den Burgmauern hindurchgraben.

Japanische Burgen thronen auf steilen Steinmauersockeln, den **Musha-gaeshi** („Kriegerabwehr").

Windsor Castle

England (Juli 1278)

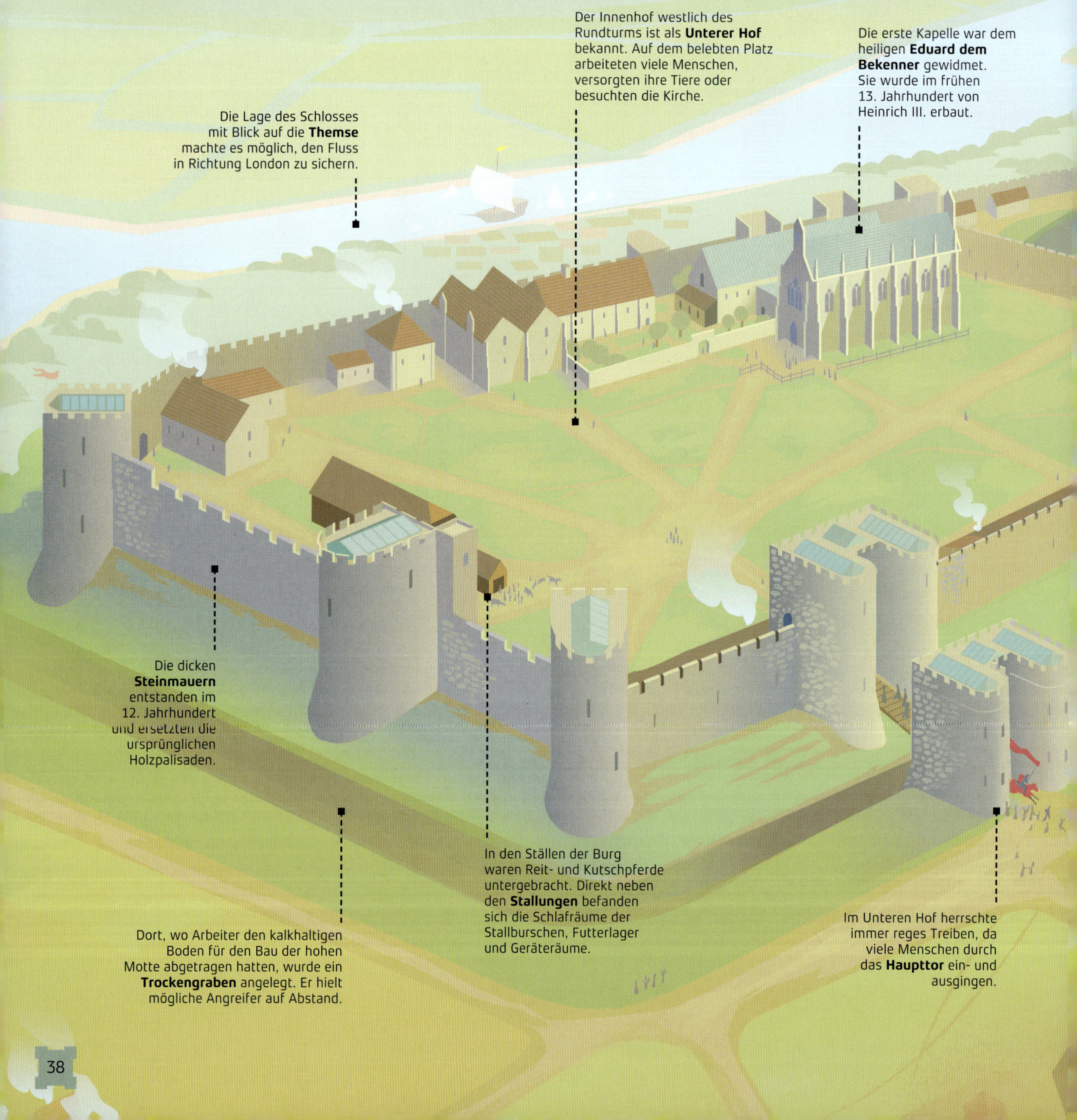

Der Innenhof westlich des Rundturms ist als **Unterer Hof** bekannt. Auf dem belebten Platz arbeiteten viele Menschen, versorgten ihre Tiere oder besuchten die Kirche.

Die erste Kapelle war dem heiligen **Eduard dem Bekenner** gewidmet. Sie wurde im frühen 13. Jahrhundert von Heinrich III. erbaut.

Die Lage des Schlosses mit Blick auf die **Themse** machte es möglich, den Fluss in Richtung London zu sichern.

Die dicken **Steinmauern** entstanden im 12. Jahrhundert und ersetzten die ursprünglichen Holzpalisaden.

In den Ställen der Burg waren Reit- und Kutschpferde untergebracht. Direkt neben den **Stallungen** befanden sich die Schlafräume der Stallburschen, Futterlager und Geräteräume.

Dort, wo Arbeiter den kalkhaltigen Boden für den Bau der hohen Motte abgetragen hatten, wurde ein **Trockengraben** angelegt. Er hielt mögliche Angreifer auf Abstand.

Im Unteren Hof herrschte immer reges Treiben, da viele Menschen durch das **Haupttor** ein- und ausgingen.

Windsor Castle hatte die Größe von sieben Fußballfeldern.

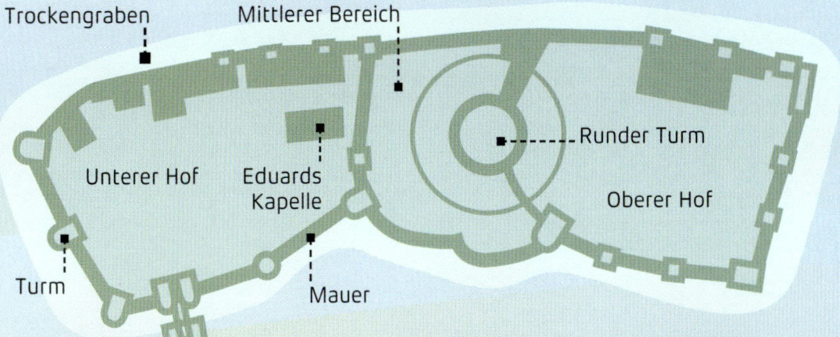

Plan von Windsor Castle (1278)

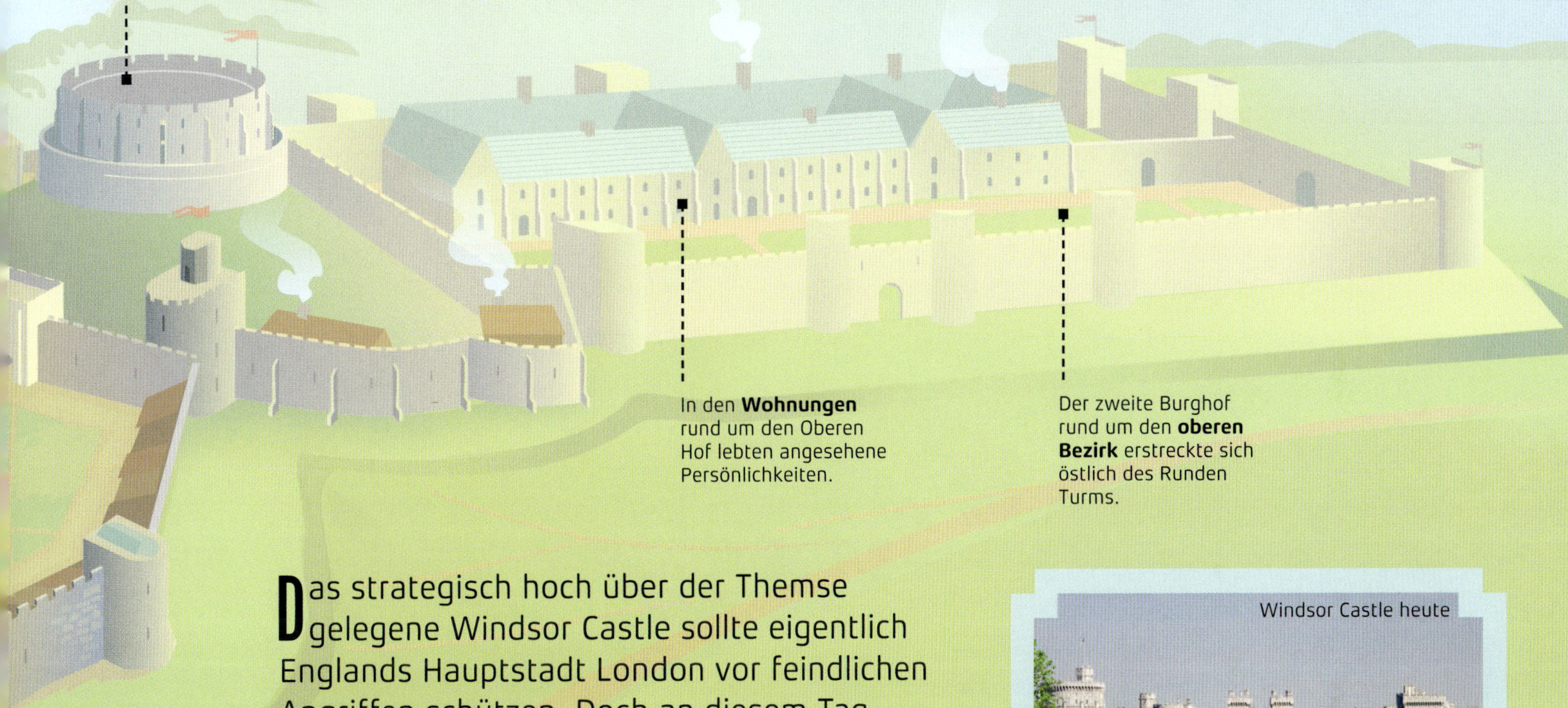

An der Stelle der ursprünglichen Motte in der Mitte der Burganlage erhob sich der **Runde Turm**. Ein Aufstieg über seine 200 Stufen bot einen spektakulären Blick auf die gesamte Burg und ihre Umgebung.

In den **Wohnungen** rund um den Oberen Hof lebten angesehene Persönlichkeiten.

Der zweite Burghof rund um den **oberen Bezirk** erstreckte sich östlich des Runden Turms.

Das strategisch hoch über der Themse gelegene Windsor Castle sollte eigentlich Englands Hauptstadt London vor feindlichen Angriffen schützen. Doch an diesem Tag fanden Kämpfe nur statt, um sie zu bestaunen. In Kürze sollte ein großes Ereignis, das „Turnier des Friedens", vor den Burgmauern beginnen. Herolde bliesen in ihre Trompeten, Fahnen wurden gehisst und Menschenmengen strömten aus der Burg, um das Spektakel zu sehen.

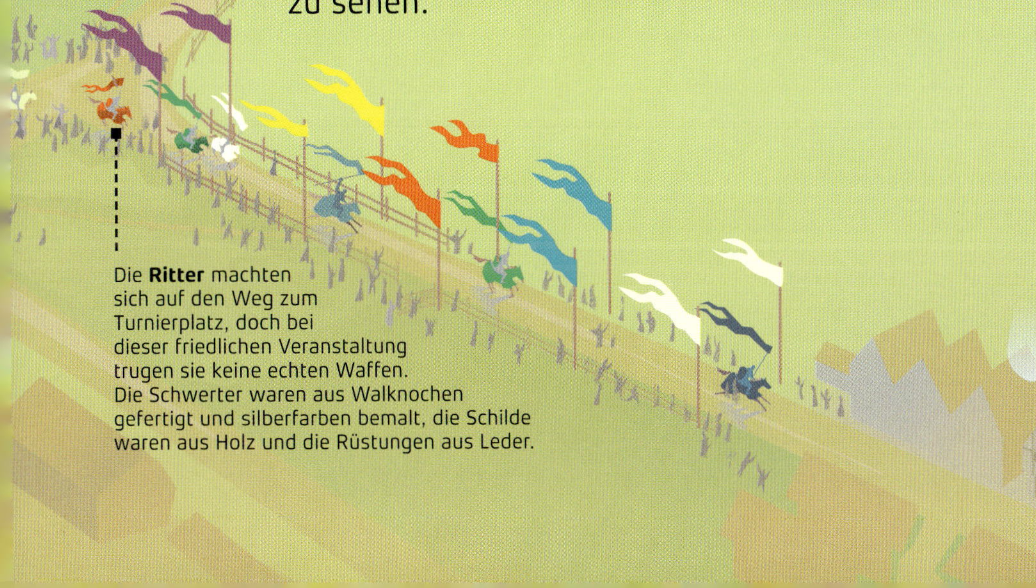

Die **Ritter** machten sich auf den Weg zum Turnierplatz, doch bei dieser friedlichen Veranstaltung trugen sie keine echten Waffen. Die Schwerter waren aus Walknochen gefertigt und silberfarben bemalt, die Schilde waren aus Holz und die Rüstungen aus Leder.

Windsor Castle heute

Königliche Residenz

Das ursprüngliche Windsor Castle wurde Ende des 11. Jahrhunderts als hölzerne Motte mit Burghof erbaut. Seither beherbergte es zahlreiche Könige und Königinnen. Eduard III. baute die Burg fast ganz um und fügte den Runden Turm hinzu. Weitere Monarchen haben sie in den vergangenen 950 Jahren mehrfach umgestaltet.

Schon gewusst? Die britische Königsfamilie nennt sich seit 1917 Haus Windsor.

Ritter-turniere

Die Ritter übten ihre Fähigkeiten, indem sie sich bei Turnieren gegenseitig herausforderten. Wie heutige Sportveranstaltungen zogen auch diese Turniere große Mengen jubelnder Fans an. Hunderte von Rittern nahmen mit ihren Pferden sowohl an Mannschaftswettbewerben als auch an Einzelwettbewerben teil. Manchmal ging es um Preisgeld, aber der Ruhm des Siegers war die eigentliche Belohnung.

Lanzenstechen

Bei diesem Wettkampf ritten zwei Ritter mit stumpfen Lanzen bewaffnet aufeinander zu und versuchten, den anderen aus dem Sattel zu stoßen. Ein Turnier bestand aus mehreren Wettkämpfen und es konnte einige Tage dauern, bis der Gesamtsieger ermittelt war.

Die **Pferde** wurden für das Lanzenstechen auf Schnelligkeit und Beweglichkeit trainiert.

Die lange **Holzlanze** war massiv genug für einen Stoß, vorn aber stumpf, um Verletzungen zu vermeiden.

Nahkampf

Bei diesem Gruppenwettbewerb kämpften Ritter als Mannschaften gegeneinander. Jedes Team stellte sich in einer Reihe auf und ging mit Knüppeln, Schwertern, Stangen oder Speeren auf den Gegner los. Es gab auch Zweikämpfe Mann gegen Mann.

Der Turnierplatz

Die Turniere fanden meist in der Nähe der ausrichtenden Burg statt. Für die Zuschauer wurden Holzbänke gebaut und für jeden der teilnehmenden Ritter Stoffzelte aufgestellt. Hier konnten sie sich ausruhen und ihre Ausrüstung aufbewahren.

Ritterturnier in Ardres (Frankreich, 1520)

Die Ritter waren durch eine spezielle Rüstung und einen gebogenen **Schild** geschützt.

Pferde und Ritter trugen die **Farben** ihres Wappens.

Eine **Barriere** trennte die beiden Kämpfer voneinander.

Schloss Bran

Rumänien (Februar 1459)

Von den Türmen des Schlosses Bran beobachteten die Wachen, wie der Angst und Schrecken verbreitende Herrscher des Landes, Vlad der Pfähler, mit seiner furchterregenden Armee herannahte. Doch dieses Mal sollte das Schloss verschont bleiben – Vlads Angriffsziel war die nahe gelegene Stadt Braşov. Dennoch griff er im Vorbeireiten das Dorf unterhalb des Schlosses an, um alle daran zu erinnern, wer das Sagen hatte.

Plan von Schloss Bran (1459)

Schloss Bran heute

Bergfestung

Schloss Bran wurde im 14. Jahrhundert auf einem Bergpass zwischen zwei Regionen Rumäniens, der Walachei und Siebenbürgen, erbaut. Im 20. Jahrhundert diente es der rumänischen Königsfamilie als Sommerresidenz.

Schon gewusst? Schloss Bran wird oft mit Bram Stokers Roman *Dracula* in Verbindung gebracht. Doch das Schloss im Roman ist frei erfunden (der Vampir übrigens auch).

Wartburg

Deutschland (Februar 1522)

Auf einer felsigen Anhöhe rund 220 Meter über der Stadt Eisenach gelegen, erhob sich die Wartburg aus dem Wald. Sie beherbergte viele Berühmtheiten. Zu ihren Gästen und Bewohnern zählten die heilige Elisabeth von Thüringen, die ein Krankenhaus errichtete, in dem sie Kranke pflegte, der Komponist Richard Wagner, der eine Oper schrieb, die von einem dort abgehaltenen „Sängerkrieg" handelt – und ein Mönch namens Martin Luther. Im Jahr 1521 versteckte sich dieser unter falschem Namen in der Burg vor der katholischen Kirche und ihren Anhängern.

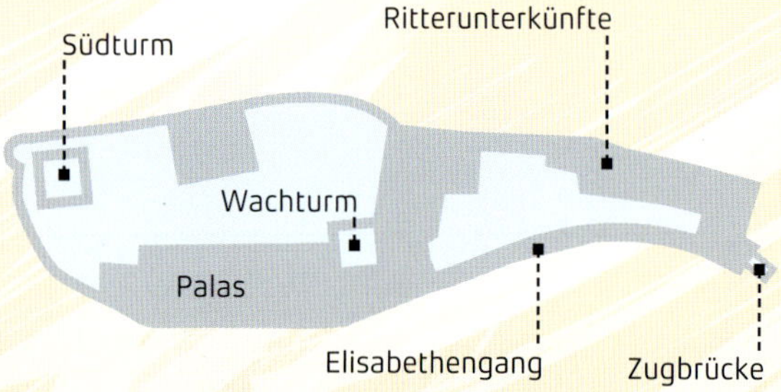

Plan der Wartburg (1522)

Der überdachte **Elisabethengang** verlief vom Tor zum Palas. Er wurde etwa um die Wende vom 14. zum 15. Jahrhundert gebaut.

Der **Palas** verfügte über einen Bankettsaal, einen Rittersaal und einen Sängersaal.

Waldfestung

Die Wartburg stammt aus dem 11. Jahrhundert. Sie wurde von Graf Ludwig dem Springer erbaut, um sein Herrschaftsgebiet zu verteidigen. Nachdem die Burg durch einen Blitzschlag zerstört worden war, wurde sie im 14. Jahrhundert wieder aufgebaut. Es folgten Jahre des Verfalls, bis sie im 20. Jahrhundert restauriert wurde.

Schon gewusst? Graf Ludwig hat Erde von seinem Land auf die Wartburg schaffen lassen, damit er behaupten konnte, sie stünde auf seinem Grund und Boden.

Die Wartburg heute

Martin Luther nannte sich auf der Wartburg „Junker Jörg" und ließ sich zur Tarnung einen Bart wachsen.

Martin Luther

Der Mönch Martin Luther hatte die Reformation ins Leben gerufen, um gegen die Allmacht der katholischen Kirche zu protestieren. Dadurch zog er viele Gegner auf sich und musste sich auf der Wartburg verstecken. Hier übersetzte er heimlich das Neue Testament aus dem Altgriechischen ins Deutsche, damit auch einfache Menschen die Bibel lesen und verstehen konnten.

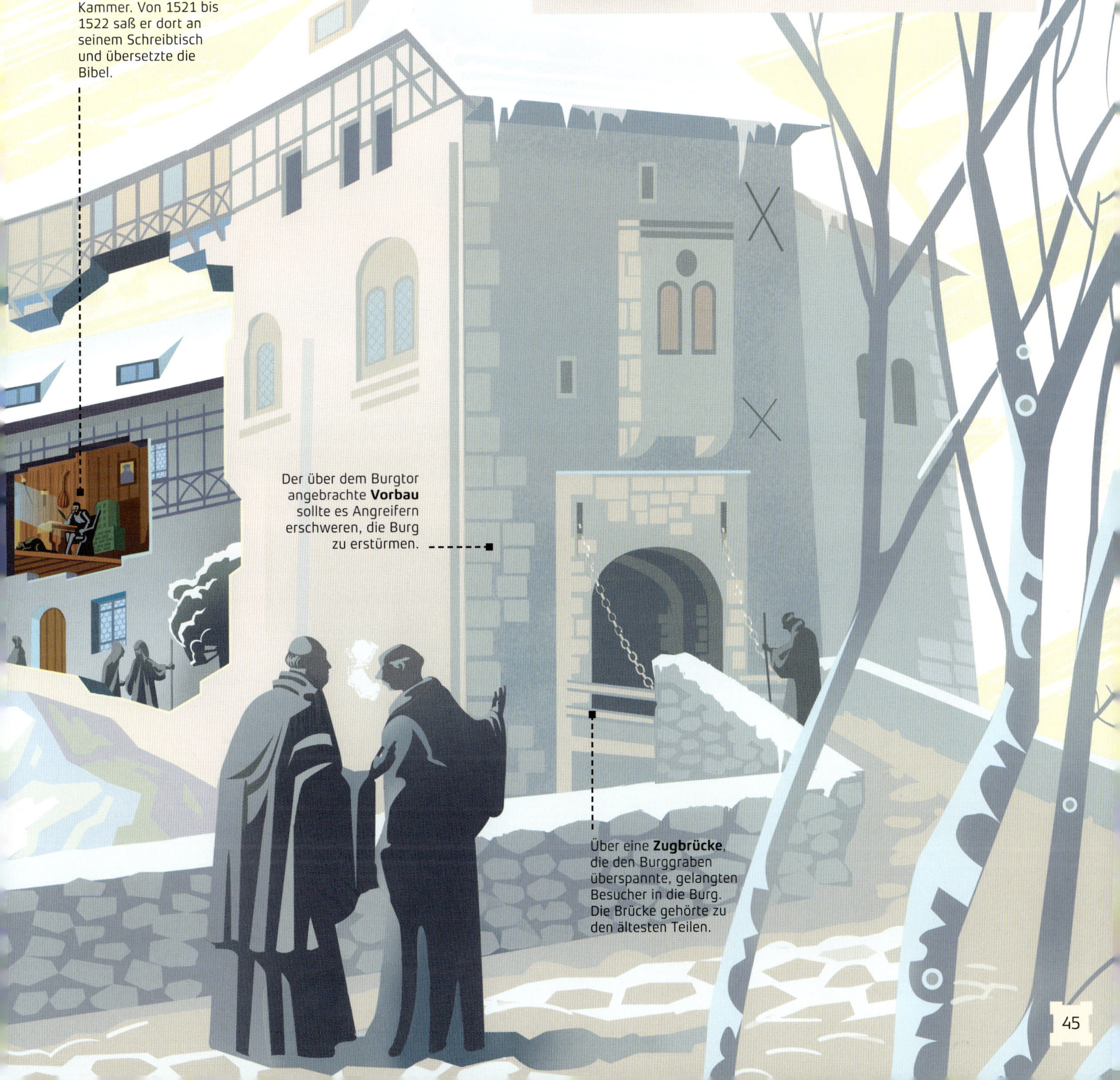

Während seines Aufenthaltes auf der Wartburg bewohnte **Martin Luther** eine einfache Kammer. Von 1521 bis 1522 saß er dort an seinem Schreibtisch und übersetzte die Bibel.

Der über dem Burgtor angebrachte **Vorbau** sollte es Angreifern erschweren, die Burg zu erstürmen.

Über eine **Zugbrücke**, die den Burggraben überspannte, gelangten Besucher in die Burg. Die Brücke gehörte zu den ältesten Teilen.

Sängersaal

Dieser riesige Raum im Palas erstreckt sich über die gesamte Länge des oberen Stockwerks. Früher wurde er für große Bankette genutzt, heute ist er Schauplatz von Live-Musikkonzerten. Er gilt als Vorbild für die Sängerhalle von Schloss Neuschwanstein.

Rittersaal

Der Rittersaal befindet sich ebenfalls im Palas. Steinerne Säulen tragen sein Gewölbe. Der Raum wurde durch einen großen Kamin in einer Ecke beheizt, sodass hier behaglich gespeist werden konnte.

Elisabeth-Kemenate

Im 13. Jahrhundert lebte die heilige Elisabeth von Thüringen in der Burg. Im 20. Jahrhundert wurde ihr Zimmer mit Mosaiken aus Glas, Muscheln und Gold ausgestattet. Sie stellen ihre Lebensgeschichte und insbesondere ihre Arbeit in der Krankenpflege dar.

Prinzenzimmer

Dieser Raum wurde restauriert, um zu zeigen, wie früher ein prächtiges hoheitliches Schlafzimmer ausgesehen hat. Bett und Tisch waren aus fein geschnitztem Holz, Wände und Decken reich verziert.

In der Wartburg

Im 19. Jahrhundert begann die Burgherrin der Wartburg, Großherzogin Maria Pawlowna, Ausstellungsstücke zu sammeln, um ein Museum in der Burg einzurichten. Heute umfasst die Sammlung mehr als 9000 Gegenstände und Kunstwerke. Im 20. Jahrhundert wurde die Burg restauriert. Seitdem wird sie von vielen Touristen besucht, die sich für ihre wechselhafte Geschichte und das Museum interessieren. Natürlich ist auch der Raum, in dem Martin Luther arbeitete, heute für Besucher geöffnet.

Lutherstube

In diesem schlichten Raum hat Martin Luther gearbeitet. Er war nur mit einem Schreibtisch, einem Stuhl und einem grün gefliesten Ofen ausgestattet. Das einzige ungewöhnliche Möbelstück war ein aus Walknochen hergestellter Fußschemel.

Die Festungsseilbahn führte durch die Verteidigungsmauern der Burg bis zum Wohnturm.

Festung Hohensalzburg heute

Bollwerk auf dem Hügel

Die hoch über der Stadt Salzburg gelegene Hohensalzburg wurde ursprünglich im 11. Jahrhundert von Erzbischof Gebhard erbaut. Anfang des 16. Jahrhunderts wurden Befestigungsmauern, Wehranlagen und die Seilbahn hinzugefügt, die der Festung ihr heutiges Aussehen verleihen.

Schon gewusst? Seit dem 16. Jahrhundert weckte der „Salzburger Stier“, eine Walzenorgel mit mehr als 200 Pfeifen, jeden Morgen die Bewohner der Festung.

Festung Hohensalzburg

Österreich (November 1524)

Die Festung Hohensalzburg liegt auf einem Hügel über der Stadt Salzburg. Anfang des 16. Jahrhunderts befürchtete Erzbischof Leonhard von Keutschach zunehmend Angriffe und beschloss, die Anlage zu einer der größten Festungen Mitteleuropas auszubauen. Eine Besonderheit war die Standseilbahn, die Güter und Vorräte den steilen Hügel hinauf zur Festung brachte. Als eine Gruppe wütender Bauern beschloss, die erzbischöfliche Festung anzugreifen, war Leonhards Nachfolger, Erzbischof Matthäus Lang von Wellenburg, als einziger Herrscher von Hohensalzburg gezwungen, die Verteidigungsanlagen der Burg zu erproben.

Gewaltige, weiß getünchte **Ringmauern** umgaben die Burg und bildeten mehrere Verteidigungslinien.

Die Festung wurde auf einem Felshügel, dem **Festungsberg**, errichtet, an dessen Fuß die Salzach floss. Der Hügel hatte eine Höhe von 542 Metern.

Plan der Festung Hohensalzburg (1524)

Der Tordurchlass der Reißzug-Seilbahn wurde versperrt, sodass die Bauern auf diesem Weg nicht in die Burg gelangen konnten.
In der Bauernarmee waren auch viele Bergleute. Sie versuchten, einen **Tunnel** unter die Festungsmauern zu graben, um so in die Festung zu kommen, doch es gelang ihnen nicht.
Michael Gaismair war der Anführer der Bauern. Er kämpfte für eine gerechtere Gesellschaft.

Die Bauernaufstände

Festung Hohensalzburg (Juni 1525)

Viele Bauern in den deutschsprachigen Regionen Europas hatten die Nase voll. Die Adligen, die sie regierten, erhöhten die Steuern und forderten zusätzliche Arbeit. Eine Gruppe von Bergleuten, Bauern und einfachen Menschen in der Nähe von Salzburg marschierte 1525 gegen die Stadt. Sie starteten einen dreimonatigen Angriff auf die Burg, wo sich Erzbischof Matthäus Lang in seiner Festung verschanzt hatte.

Die Bauern fügten der Burg schwere Schäden zu, sodass die Burgbewohner beunruhigt waren. Doch eine Kampftruppe von etwa 10 000 **Soldaten** wurde zusammengestellt, die Erzbischof Matthäus Lang zu Hilfe kam und den Aufstand niederschlug.

Die Bauern hatten wenig Kampferfahrung, aber sie waren entschlossen, ihren Problemen Gehör zu verschaffen. Die **Bauernarmee** war mit allem bewaffnet, was man auftreiben konnte – von Knüppeln bis hin zu Mistgabeln.

Gescheiterte Rebellion

Die Bauern entfachten einen 2-jährigen, in ganz Mitteleuropa wütenden Krieg. Doch gut ausgebildete Armeen schlugen die unerfahrenen Rebellen nieder. Die Salzburger Bauern vereinbarten einen Waffenstillstand mit dem Erzbischof, aber letztlich änderte sich nichts, und die Hohensalzburg blieb eine Festung, die nie erobert wurde.

Schloss Chillon

Schweiz (Juli 1530)

In dieser kleinen Burg zwischen dem Genfer See und den hoch aufragenden Schweizer Alpen wohnte die märchenhaft reiche Familie Savoyen. Jahrhundertelang musste jeder, der töricht genug war, sich den Herzögen von Savoyen zu widersetzen, befürchten, im grausigen Kerker der Burg zu enden. Diese leidvolle Erfahrung machte auch der Schweizer Prior François Bonivard, als er die Autorität des Herzogs Karl III. anzweifelte. Er verbrachte sechs lange Jahre als Gefangener auf Chillon, bevor die Berner die Burg 1536 eroberten und ihn befreiten.

Plan von Schloss Chillon (1530)

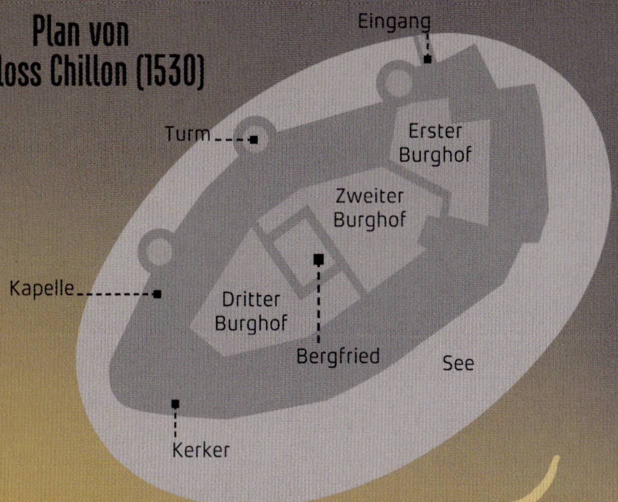

Die Festung erstreckte sich über die gesamte kleine Felseninsel, auf der sie erbaut wurde.

Der **Standort** der Burg war gut gewählt. Viele Kaufleute überquerten den Genfer See und die Alpen, um zwischen Italien und dem restlichen Europa Handel zu treiben.

Wände und Böden des **Kerkers** waren aus kaltem, hartem Gestein. Die Fenster waren so weit oben angebracht, dass für Bonivard – oder jeden anderen Gefangenen – eine Flucht unmöglich war.

Der **Genfer See** hat die Form eines Halbmonds und ist 580 Quadratkilometer groß. Die Wasserburg Chillon wurde an seiner östlichen Spitze errichtet.

Schloss Chillon heute

Wohnsitz am See

Die im 12. Jahrhundert von der Familie Savoyen erbaute Wasserburg überwachte die Handelsroute über die Berge nach Italien sowie die Schiffe auf dem Genfer See. Sie diente auch als Posten zur Steuererhebung. Im 16. Jahrhundert wurde sie von den Bernern, später von den Waadtländern erobert.

Schon gewusst? Der englische Dichter Lord Byron hat bei einem Besuch seinen Namen in eine der Säulen des Kerkers geritzt.

Im Kerker

Der Kerker befand sich häufig in den finstersten Tiefen einer Burg und war der Ort, an dem Gefangene festgehalten und manchmal gefoltert wurden. Allerdings lag er nicht immer unter der Erde. Im Mittelalter wurden Gefangene auch manchmal hoch oben im Bergfried untergebracht. Hier konnten sie nur schwer entkommen und waren leicht zu bewachen.

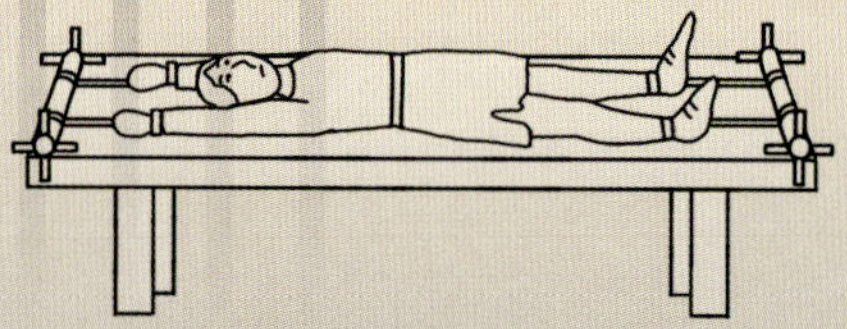

Streckbank

Das bedauernswerte Opfer wurde flach auf das Brett gelegt und festgebunden. Mit einem Handhebelrad und einem Seil wurde an den Gelenken gezogen, sodass der Gefangene unter großen Schmerzen gestreckt wurde.

Oubliette

In die Oubliette, das „vergessene Zimmer", geschickt zu werden, war eine schreckliche Strafe. Die Oubliette war ein so kleiner Schacht, dass ein Gefangener, wenn er einmal durch die Falltür heruntergelassen worden war, weder sitzen noch knien oder sich auch nur umdrehen konnte.

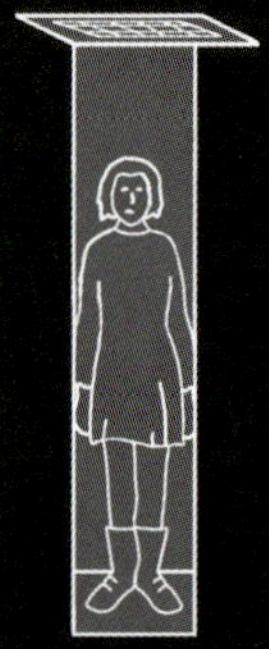

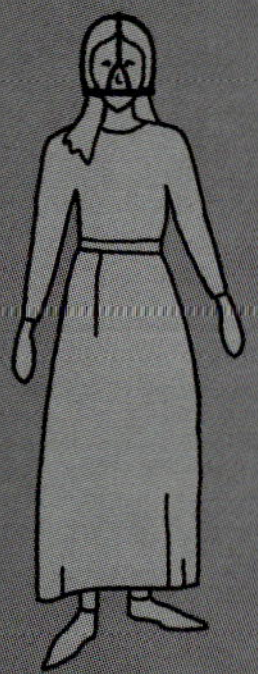

Schandmaske

Die Schandmaske musste man tragen, wenn man Klatsch und Tratsch verbreitet hatte. Der Metallrahmen wurde um den Kopf gelegt und besaß ein Metallgebiss, sodass der Träger nicht sprechen konnte. Diese Strafe traf fast immer Frauen.

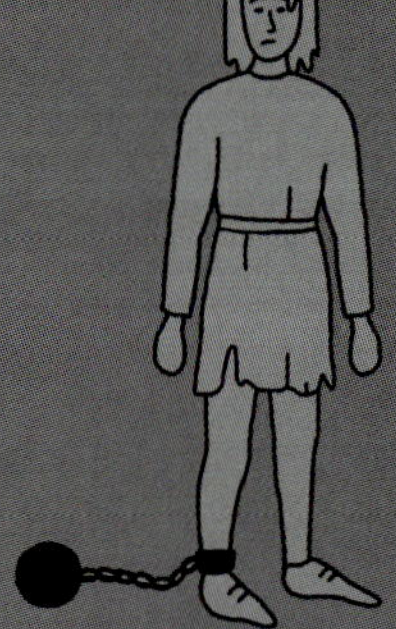

Fußschellen und Ketten

An Ketten befestigte schwere Eisenbänder, die Schellen, die um den Knöchel geschlungen wurden, sorgten dafür, dass sich ein Gefangener nicht weit bewegen konnte. Eine angebrachte Eisenkugel machte eine Flucht unmöglich.

Brandzeichen

Mit einem Brandeisen wurden Male auf der Haut eingebrannt, um den Missetäter dauerhaft zu kennzeichnen. Ein Brandeisen konnte aber auch als Folterinstrument eingesetzt werden, um dem Beschuldigten wichtige Informationen zu entlocken.

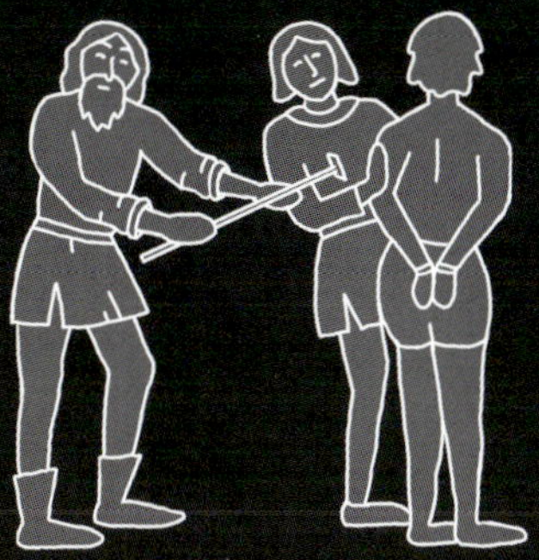

Storch

Dieses abscheuliche Gerät war eine metallene Fessel. Wer sie angelegt bekam, konnte sich nicht mehr bewegen.

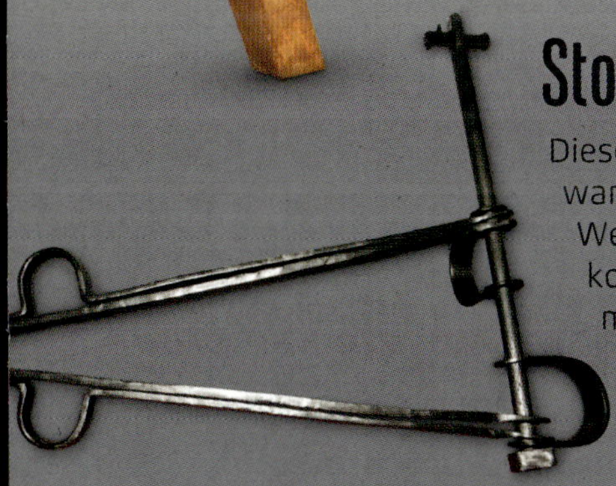

Öffentliche Bestrafung

Viele schreckliche Bestrafungen fanden im Kerker statt, andere dagegen in der Öffentlichkeit. Die Zuschauer wurden ermuntert, die Verurteilten durch Hohngelächter, Beschimpfungen und das Bewerfen mit Gegenständen zu erniedrigen.

Tauchstuhl

Dieser Balken hatte an einem Ende einen Stuhl und wurde am Ufer eines Gewässers aufgestellt. Das Opfer wurde an den Stuhl geschnallt und ins Wasser getaucht.

Pranger

Der Pranger besaß Löcher, in denen Kopf und Arme eines Verurteilten zwischen Holzbrettern eingeklemmt wurden. Nun konnten Passanten ihn mit Steinen, verfaultem Gemüse oder Schlimmerem bewerfen.

Galgen

Die höchste Strafe war der Tod durch den Galgen. Mit dieser Holzkonstruktion wurden die Verurteilten gehängt. Eine Schlinge wurde um den Hals des Gefangenen gelegt und eine Falltür darunter geöffnet. Beim Sturz spannte sich der Strick ... und brach dem Gesetzesbrecher das Genick.

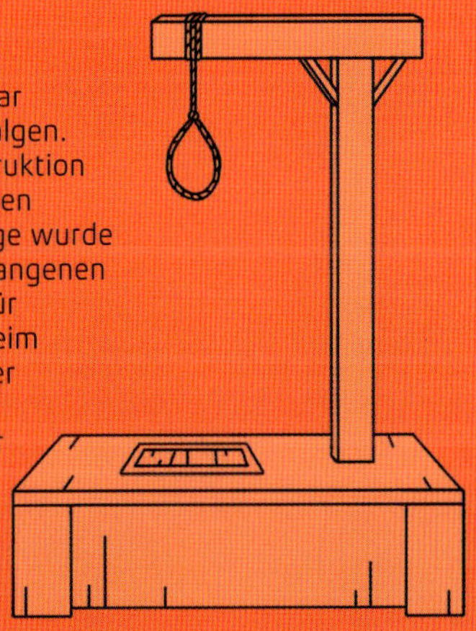

Southsea Castle

England (Juli 1545)

König Heinrich VIII. befürchtete seit langer Zeit, dass Feinde den Ärmelkanal überqueren könnten. Um darauf vorbereitet zu sein, baute er eine Reihe von Festungen entlang der Küste, darunter auch Southsea Castle zum Schutz der wohlhabenden Stadt Portsmouth. Als 1545 tatsächlich die Franzosen einen Angriff starteten, hielt sich Heinrich gerade in der Festung auf. Er schickte den feindlichen Schiffen seine Flotte entgegen, der es gelang, die französischen Truppen zurückzuschlagen. Das englische Flaggschiff, die *Mary Rose,* wurde dabei jedoch versenkt.

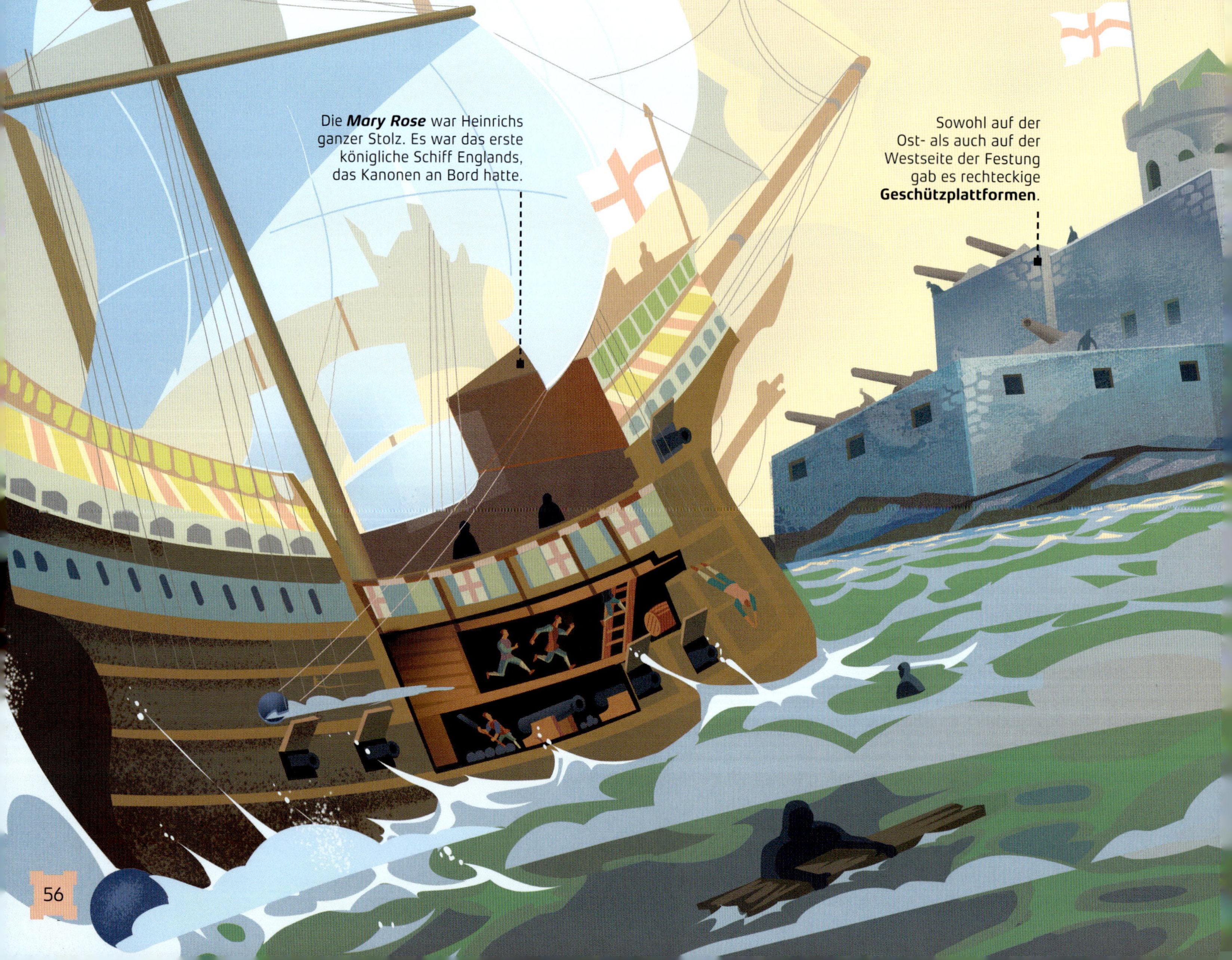

Southsea Castle heute

Seeüberwachung

Southsea Castle wurde 1544 nach den Entwürfen von Heinrich VIII. erbaut. Die Festung diente über viele Jahrhunderte militärischen Zwecken und wurde immer wieder instand gesetzt, um die englische Küste zu überwachen. Sie wurde auch als Gefängnis genutzt.

Schon gewusst? 1828 wurde an der Festung ein Leuchtturm angebaut, an dem sich die nach Portsmouth fahrenden Schiffe orientieren konnten.

Plan von Southsea Castle (1545)

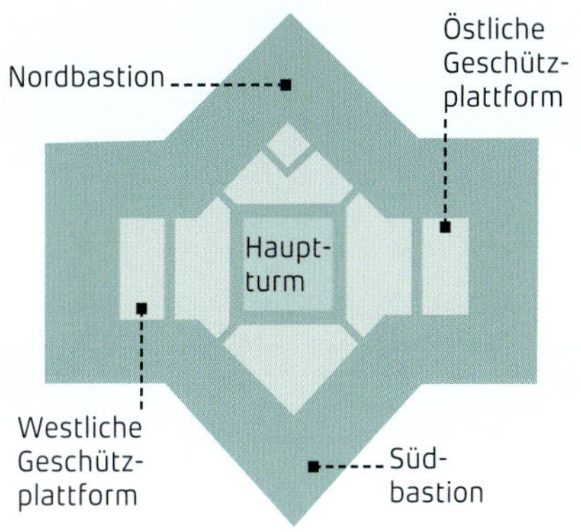

Southsea Castle wurde in nur sechs Monaten errichtet, weil der König einen Angriff durch Frankreich befürchtete.

König Heinrich VIII. beobachtete die Schlacht vom Hauptturm aus, doch die Schiffe befanden sich nicht in Reichweite der Kanonen von Southsea.

Spitzbastionen – im Gegensatz zu traditionellen runden Bastionen – ermöglichten das gleichzeitige Abfeuern vieler Geschütze in verschiedene Richtungen.

Eine **Ringmauer** umgab die Burg. Die Truppen feuerten durch Geschützöffnungen auf die Angreifer.

Plan der Höhlenburg Predjama (1570)

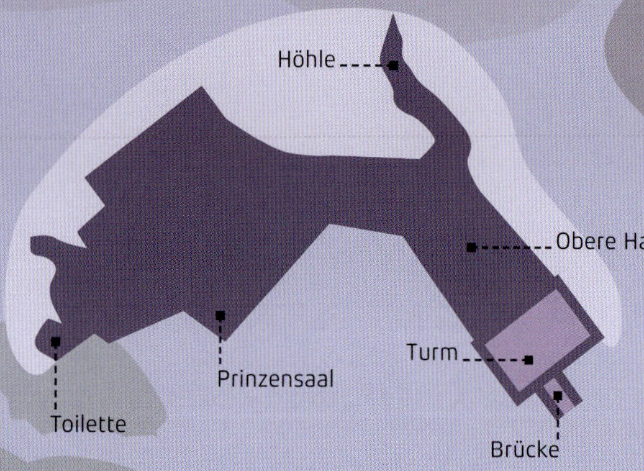

Die Adelsfamilie, der die Burg gehörte, verlieh ihr den Namen Predjama. Das bedeutet „Burg vor der Höhle".

Höhlenburg Predjama heute

Burg in der Höhle

Predjama wurde im frühen 13. Jahrhundert in Westslowenien erbaut, das damals noch zu Italien gehörte. Der Burgherr Raubritter Erasmus von Luegg wurde im 15. Jahrhundert in der Burg belagert. Er soll von einer Steinkugel getötet worden sein, während er auf dem Klo saß!

Schon gewusst? Predjama ist die größte Höhlenburg der Welt.

Höhlenburg Predjama

Slowenien (November 1570)

Geheimgänge, eine Fledermauskolonie und ein legendärer Tod auf dem Klo ... Willkommen in der Burg Predjama! Diese unglaubliche Festung wurde am Eingang zu einer großen Höhle erbaut. Die ursprüngliche Burg wurde bei einer Belagerung zerstört. Ein gewaltiges Erdbeben machte auch einen Nachfolgebau dem Erdboden gleich. 1570 wurde eine neue Burg errichtet, deren solide quadratische Türme sich im Höhleneingang erhoben.

Rüstungen

Schlachten im Mittelalter waren brutal. Pfeile regneten vom Himmel, Äxte und Schwerter wurden geschwungen, Hämmer und Keulen prasselten auf die Kämpfer ein. Die Ritter schützten sich mit einer oft maßangefertigten Rüstung, die aus vielen Einzelteilen bestand und alle wichtigen Körperteile bedeckte.

Plattenharnisch

Plattenharnische wurden bei Lanzenwettbewerben oder Ritterturnieren eingesetzt und besaßen Löcher, durch die sie an der normalen Rüstung befestigt werden konnten. Ritter benötigten auf der linken Seite mehr Schutz, da diese dem Gegner näher war.

Vollständige Rüstung

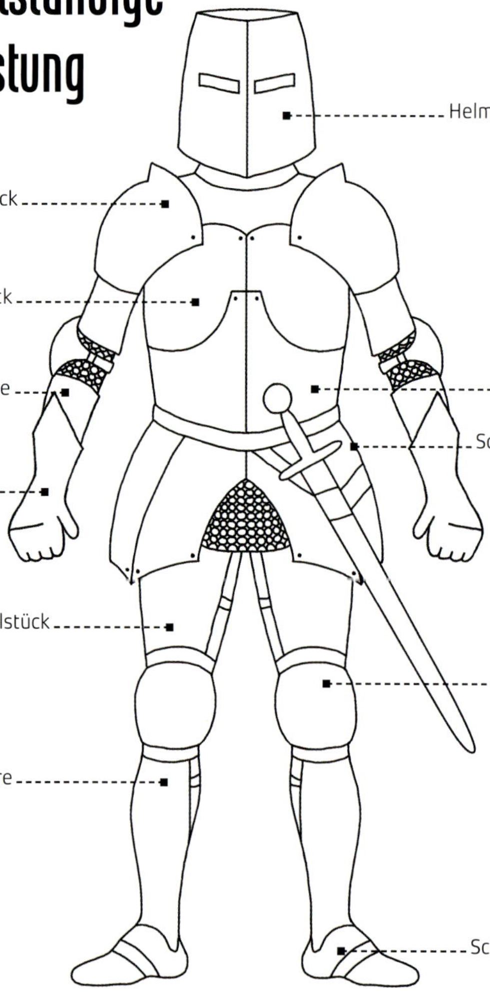

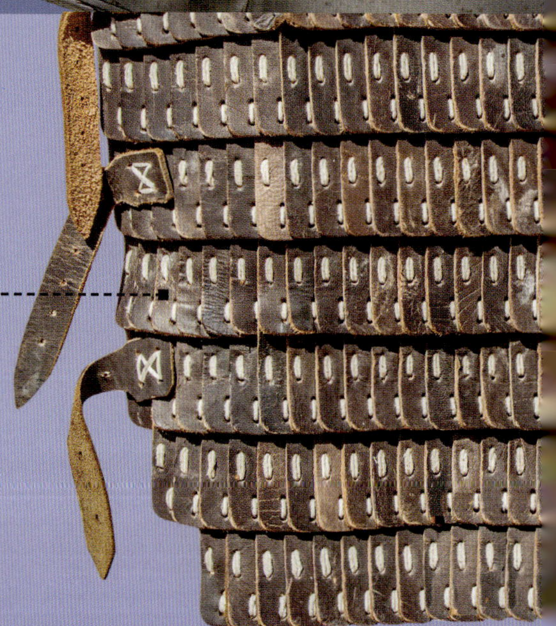

Lederrüstungen wurden aus vielen kleinen, miteinander verbundenen Teilen hergestellt, damit man sich leichter darin bewegen konnte.

Lederrüstung

Speziell behandeltes Leder war eine preiswertere Alternative zu Eisenrüstungen. Das Leder wurde in Wasser gekocht und dann in Form gebracht, wodurch es hart und zäh wurde. Lederrüstungen hatten außerdem den Vorteil, dass sie flexibler waren als Rüstungen aus Eisen.

Kettenhemd

Die frühen Ritter setzten auf flexible Rüstungen aus miteinander verbundenen Metallringen. In den Kettenhemden konnten sie sich relativ leicht bewegen, waren aber vor Schwertangriffen und Pfeilen geschützt.

Reiche Ritter ließen ausgefallene Motive in ihre Rüstungen gravieren.

Die Platten wurden mit Lederriemen aneinander befestigt, um Beweglichkeit zu gewährleisten.

Plattenpanzer

Um das 14. Jahrhundert herum wurden tödlichere Waffen entwickelt, und Kettenhemden boten keinen ausreichenden Schutz mehr. Also trugen die Ritter Rüstungen aus massiven Eisenplatten. Eine komplette Plattenrüstung konnte bis zu 25 Kilogramm wiegen!

Zubehör

Zu einem Plattenpanzer gehörten viele unterschiedliche Einzelteile, die die verschiedenen Körperteile schützten. Die Zusammensetzung der Rüstung aus Einzelteilen ermöglichte es dem Ritter, seine Gelenke zu bewegen und ausreichend wendig zu bleiben.

Ein **Helm** schützte Kopf und Nacken. Die Öffnungen waren schmal genug, damit der Ritter geschützt war, aber noch sehen und atmen konnte.

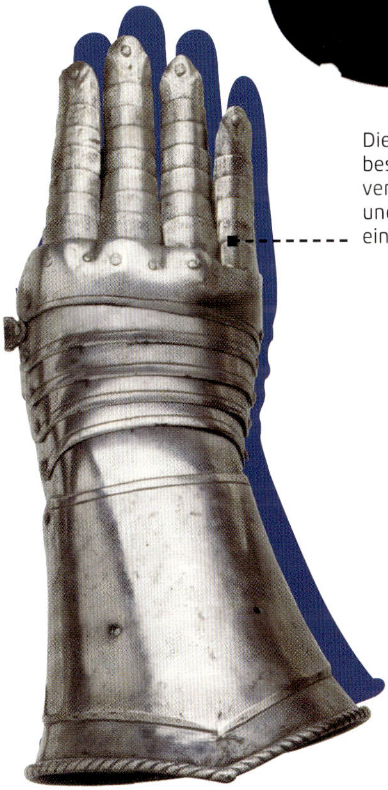

Die **Panzerhandschuhe** bestanden aus miteinander verbundenen Metallplättchen und schützten die Hände eines Ritters.

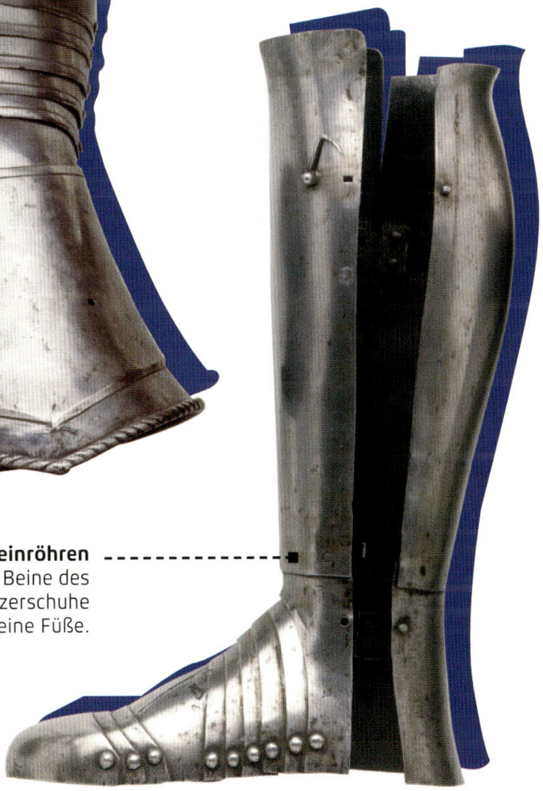

Eiserne **Beinröhren** schützten die Beine des Ritters und Panzerschuhe seine Füße.

Schloss Heidelberg

Deutschland (September 1618)

Vor einem der größten Weinfässer der Welt erhoben die Bewohner des Heidelberger Schlosses gemeinsam ihr Glas. Ihr Regent, Friedrich V. von der Pfalz, schloss sich ihnen an, aber er war nicht in Feierlaune. Der Konflikt zwischen dem römisch-katholischen Kaiser Ferdinand II. und den protestantischen Teilen des Landes, der zum Dreißigjährigen Krieg führen sollte, hatte begonnen. Die Protestanten wollten Friedrich als Anführer, aber das bedeutete, dass er Sicherheit und Luxus seines Schlosses hätte verlassen müssen.

Der achteckige **Glockenturm** war ursprünglich ein Geschützturm. Nach und nach wurde er immer weiter erhöht.

Im **Pulverturm** wurde Schießpulver gelagert.

Mit einem wunderbaren **Lustgarten** wollte Friedrich seine englische Frau Elisabeth bezaubern. Der Garten, der terrassenförmig um das Schloss herum angelegt wurde, besaß einen Orangenhain, Wasserkünste und mechanische Vögel, die sogar zwitschern konnten.

Plan von Schloss Heidelberg (1618)

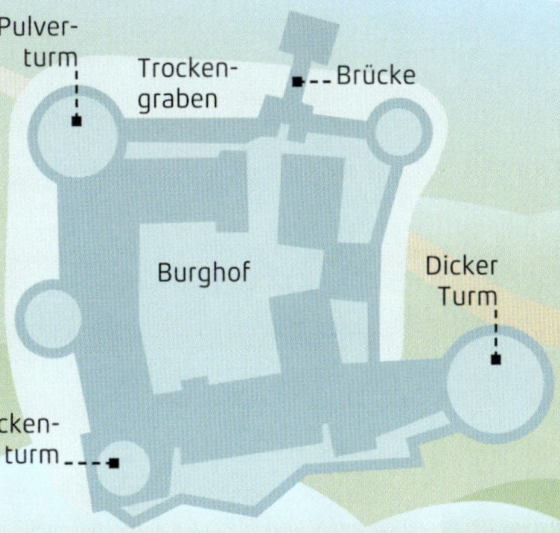

Im Friedrichsbau wurden zahlreiche Statuen der pfälzischen Landesherren aufgestellt.

Schloss Heidelberg heute

Wahrzeichen Heidelbergs

Das im 13. Jahrhundert erbaute Schloss Heidelberg war die Residenz der Grafen von der Pfalz. Es wurde während des deutsch-französischen Krieges im 17. Jahrhundert zerstört. Im 19. Jahrhundert wurde das Schloss zum Teil restauriert.

Schon gewusst? Eine Hexe wollte der Sage nach den Metallring am Tor durchbeißen, um den Palast in Besitz zu nehmen. Das soll ihr jedoch nur abgebrochene Zähne eingebracht haben.

Im **Friedrichsbau** befanden sich die Familiengemächer und im Dachgeschoss die Unterkünfte der Diener. Von einer großen Terrasse an der Vorderseite bot sich ein herrlicher Blick über die darunter liegende Stadt.

Um eine königliche Residenz zu schaffen, die einer englischen Prinzessin würdig war, ließ Friedrich den **Englischen Bau**, einen Wohnpalast innerhalb des Schlosses, errichten.

Als weiteres Überraschungsgeschenk für seine Frau ließ Friedrich den **Stückgarten** innerhalb der Schlossmauern anlegen.

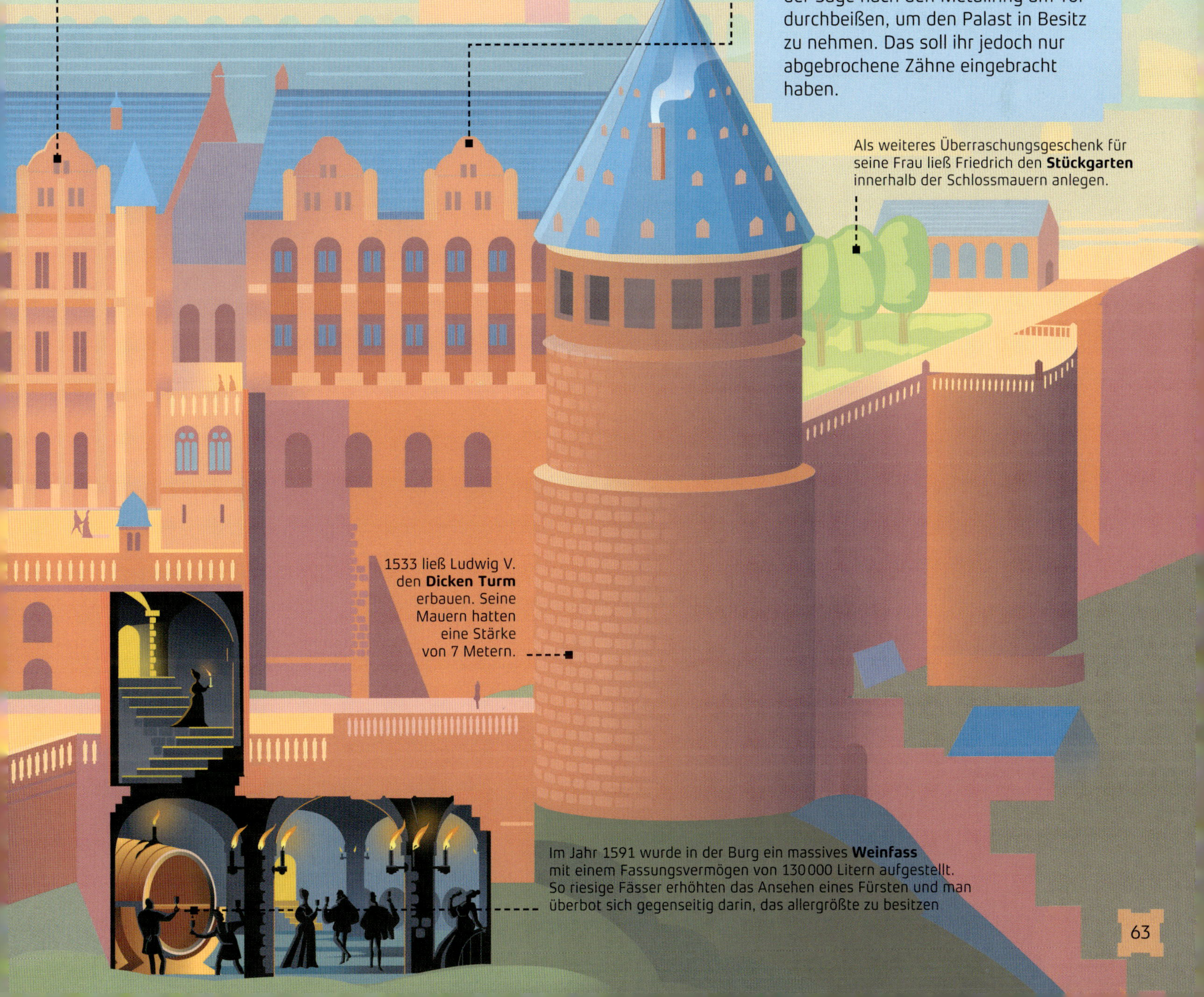

1533 ließ Ludwig V. den **Dicken Turm** erbauen. Seine Mauern hatten eine Stärke von 7 Metern.

Im Jahr 1591 wurde in der Burg ein massives **Weinfass** mit einem Fassungsvermögen von 130 000 Litern aufgestellt. So riesige Fässer erhöhten das Ansehen eines Fürsten und man überbot sich gegenseitig darin, das allergrößte zu besitzen

Leben in einer Burg

Schlafzimmer

Der Burgherr oder die Burgherrin schliefen meist im wärmsten Teil der Anlage. Oft verfügte die Familie über mehrere Privatgemächer, darunter ein Wohnzimmer und Ankleideräume.

Küche

Die Burgköche benötigten große Küchen, um die Vorräte zu lagern und die Mahlzeiten zuzubereiten – vom schlichten Frühstück bis hin zum 3-tägigen Festmahl. Manche Burgen hatten sogar mehrere Küchen, um alle Bewohner versorgen zu können.

Kerker

Viele Burgen hatten keine unterirdischen Verliese. Die Gefangenen wurden daher in anderen gesicherten Teilen der Burg untergebracht. Ab dem 12. Jahrhundert häuften sich die Gefangenennahmen, sodass immer mehr Kerker entstanden.

Eine Burg wurde gebaut, um in Kriegszeiten dem Feind zu widerstehen, aber gleichzeitig war sie auch ein Zuhause. In deiner Wohnung gibt es vermutlich weder einen großen Saal noch einen Burggraben oder einen Brunnen, doch alle anderen Räume der meisten Burgen dienten den gleichen Zwecken wie die Zimmer in heutigen Häusern – sie waren höchstens prachtvoller und größer. Burgen hatten oft Hunderte von Bewohnern und benötigten daher viel Platz.

Großer Saal

Der Große Saal war der Hauptspeisesaal der Burg. Er verfügte oft über einen großen Kamin und diente gelegentlich als Schlafstätte für Gäste oder Bedienstete.

Kapelle

Die Religion spielte im Mittelalter eine herausragende Rolle. Daher gab es in den meisten Burgen auch eine Kapelle, in der das tägliche Gebet und wichtige Zeremonien wie Hochzeiten stattfanden.

Brunnen

Ein Brunnen war unerlässlich und bei einer Belagerung von großer Bedeutung. Oft tief in die Erde gegraben, sorgte er für eine gesicherte Wasserversorgung.

Elmina Castle

Ghana (Mai 1670)

Die Burg war ein sicherer Hafen für die Sklavenschiffe. Mächtige **Mauern** und auf das Meer gerichtete Kanonen verteidigten die Burg gegen Angriffe rivalisierender Händler.

Die Sklaven verbrachten bis zu drei Monate in den **Kerkern**. Sie hatten nicht einmal Platz zum Liegen und Krankheiten verbreiteten sich schnell.

Sklavenschiffe, die an der Burg anlandeten, tauschten ihre Waren, darunter Stoffe, Waffen, Metalle, Perlen und andere Wertgegenstände, gegen eine Ladung Sklaven ein. Auf dem amerikanischen Kontinent tauschten die Schiffskapitäne ihre menschliche Ladung wiederum gegen Zucker, Tabak, Gummi und Baumwolle.

Die Sklaven wurden mit **Kanus** vom Ufer zu den Sklavenschiffen transportiert.

Elmina Castle heute

Sklavenhafen

Elmina wurde 1486 von dem portugiesischen König Johann II. als Handelsposten für Elfenbein und Gold erbaut. Im 17. Jahrhundert diente die Burg jedoch hauptsächlich der Inhaftierung von Sklaven. Im Jahr 1637 eroberten die Holländer die Burg. Sie blieb bis 1814 ein wichtiger Standort des Sklavenhandels.

Schon gewusst? Zu Beginn des 16. Jahrhunderts stammte fast ein Zehntel des weltweit gehandelten Golds aus der Region um Elmina.

Wenn du dir eine mittelalterliche Burg vorstellst, denkst du bestimmt nicht an Palmen, Sandstrände, Meeresrauschen und strahlend blauen Himmel. Elmina Castle aber war durch seine Lage am Meer für seine Schönheit berühmt. Doch hinter den dicken, weißen Mauern spielte sich Schreckliches ab: Die Burg war ein Zentrum des Sklavenhandels. Tausende Afrikaner wurden entführt und in Elmina gefangen gehalten, um anschließend nach Amerika verschifft und dort verkauft zu werden. Unzählige Menschen litten unter den Bedingungen in den Kerkern der Burg.

Die luxuriösen **Gemächer des Gouverneurs** standen in einem krassen Gegensatz zu den menschenunwürdigen Bedingungen in den Kerkern.

Das für Elmina Castle benötigte Baumaterial wurde von Europa nach Ghana verschifft.

Plan von Elmina Castle (1670)

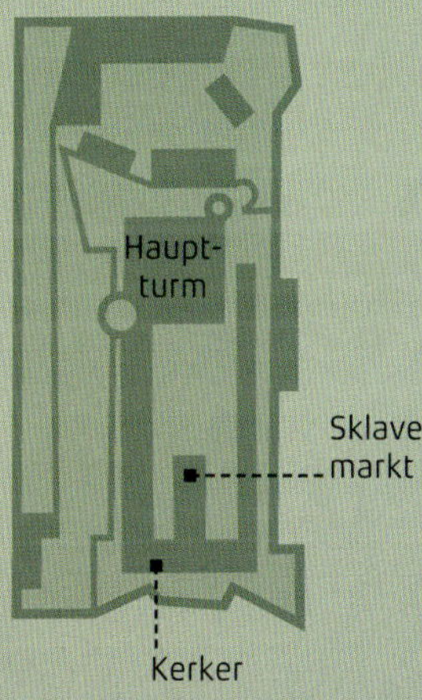

Kerker

Die Sklaven waren in solchen Burgverliesen eingekerkert. Die Räume aus Stein waren kahl, dunkel und boten kaum Platz für so viele Menschen. Es gab weder Toiletten noch Betten. Bis zu 1000 Gefangene konnten in einem Raum zusammengepfercht sein.

Tür ohne Wiederkehr

Zum Verladen der Gefangenen auf die Schiffe wurden sie durch einen langen Gang und eine Tür nach draußen getrieben. Die Tür war so schmal, dass immer nur eine Person hindurchpasste.

Todeszelle

Gefangene, die das Missfallen der Wachen erregten, landeten in der Todeszelle. Dies war ein winziger Raum, in den Sklaven ohne Nahrung und Wasser zum Sterben gesperrt wurden. Über der schwarzen Tür befand sich ein Totenkopf mit gekreuzten Knochen.

Sklavenmarkt

Der von hohen weißen Burgmauern umgebene Sklavenmarkt bildete den Mittelpunkt des Innenhofs. Die einstige Kirche war umgebaut worden, damit Sklavenhändler hier Gefangene ersteigern konnten.

In Elmina Castle

Jahrhundertelang war dieser frühere Handelsposten ein wichtiges Zentrum des Sklavenhandels. Tausende von Sklaven wurden von hier aus nach Amerika verschifft. Heute zieht die grausame Vergangenheit von Elmina Castle viele Besucher an. Man kann sowohl die Verliese, in denen die Gefangenen eingesperrt waren, als auch die oberen Stockwerke, in denen die Sklavenhändler lebten, besichtigen.

Kanonen

Direkt am Strand gelegen, konnte Elmina Castle vom Meer aus leicht angegriffen werden. Die Europäer, denen die Burg gehörte, stellten aus Angst vor der Bedrohung durch rivalisierende Händler an den Mauern Kanonen auf, die aufs Meer hinaus zielten.

König Eduard II. starb 1327 unter mysteriösen Umständen während seiner Gefangenschaft in Berkeley Castle. Historiker glauben, dass er ermordet wurde.

Eine **kreisförmige Mauer** wurde um den Fuß der ursprünglichen Motte gebaut, um ihre Eroberung zu erschweren. Ungleich hohe und unebene „Stolperstufen" der Treppen im Inneren sollten feindliche Eindringlinge zusätzlich ausbremsen.

1327 wurde König Eduard II. in einer kleinen **Zelle** neben dem Hauptturm eingekerkert. Seine Frau, Königin Isabella, und ein feindlich gesinnter Adliger waren in England eingefallen und hatten ihn gefangen genommen.

Nachdem der steinerne Wohnturm errichtet worden war, wurde der Burghof von einer mächtigen **Ringmauer** umgeben.

Plan von Berkeley Castle (1728)

Trockengraben
Hauptturm
Küche
Großer Saal
Wohnräume
Kapelle

Bibeltexte in normannischem Französisch zierten die Decke der Kirche **St. Mary's Church**.

Berkeley Castle

England (Juni 1728)

Berkeley Castle wurde ursprünglich erbaut, um England vor Angriffen der Waliser zu schützen. Später wurde hier König Edward II. eingekerkert. Mit ihren hohen Steinmauern und Buntglasfenstern war diese spektakuläre Burg über Jahrhunderte das Zuhause der Adelsfamilie Berkeley, die dort viele Feste feierte. An einem Sommerabend genossen die Gäste eine amüsante Darbietung des Hofnarren Dicky Pearce. Mitten in seinem Auftritt stürzte er jedoch von einem Balkon im Großen Saal zu Tode. Einige vermuten, dass er hinuntergestoßen worden war.

Berkeley Castle heute

Familiensitz

Berkeley Castle (Westengland) wurde von William FitzOsbern, einem Verwandten von König Wilhelm I., erbaut und war ursprünglich eine Motte mit Burghof aus dem 11. Jahrhundert. Nach und nach wurde die Burg aus Stein neu errichtet. Abgesehen von einer kurzen Unterbrechung leben die Berkeleys dort seit über 800 Jahren.

Schon gewusst? Ein während des Bürgerkriegs im 17. Jahrhundert entstandenes Loch in einer Burgmauer durfte bis heute nicht repariert werden.

Drehleier

Zwei Spieler bedienten dieses Saiteninstrument. Einer drehte an der Kurbel, die den Ton erzeugte, während der andere die Tasten nach unten drückte, um die Tonhöhe zu verändern. Man spielte im Sitzen mit der Drehleier auf den Knien.

Rebec

Die birnenförmige Rebec ähnelt ein wenig einer heutigen Geige. Die Spieler hielten das Instrument auf ihrem Arm, strichen mit einem Bogen über die Saiten und drückten mit den Fingern der anderen Hand auf die Saiten, um die Tonhöhe zu verändern.

Tabor

Musiker, die ihrem Spiel einen Rhythmus hinzufügen wollten, schlugen mit einem Trommelstock auf eine sogenannte Tabor. Diese kleine Trommel bestand aus einem runden Rahmen, über den ein Tierfell gespannt war, das ein Geräusch erzeugte, wenn man draufschlug.

Musik

In den Burgen erklang häufig Musik, sei es bei einem Bankett, als Begrüßungsfanfare für Gäste oder bei besonderen Veranstaltungen. Es wurde viel gesungen und getanzt. Die Musiker, sogenannte Spielleute, erzählten in ihren Liedern von tapferen Rittern, großen Schlachten und von der Liebe.

Heroldstrompete

Diese Trompete erzeugte einen lauten Ton, der die Aufmerksamkeit aller auf sich zog. Die Herolde verkündeten damit den Beginn eines Banketts oder eines Ereignisses, wie etwa einer Hochzeit. Im Gegensatz zu einer modernen Trompete spielte sie nur einen Ton.

Flöte

Eine Flöte war ein einfaches röhrenförmiges Instrument aus Holz, Metall oder einem hohlen Rohrblatt. Um Musiknoten zu erzeugen, bedeckten die Spieler mit den Fingern eine Kombination von Löchern, während sie Luft durch die Röhre bliesen.

Dudelsack

Dudelsäcke wurden gespielt, indem der Ledersack aufgeblasen und dann unter dem Arm zusammengepresst wurde, um die Luft durch die Pfeifen herauszudrücken. Einige der Pfeifen erzeugten einen permanenten Ton, während eine Pfeife mit Löchern versehen war, sodass eine Melodie gespielt werden konnte.

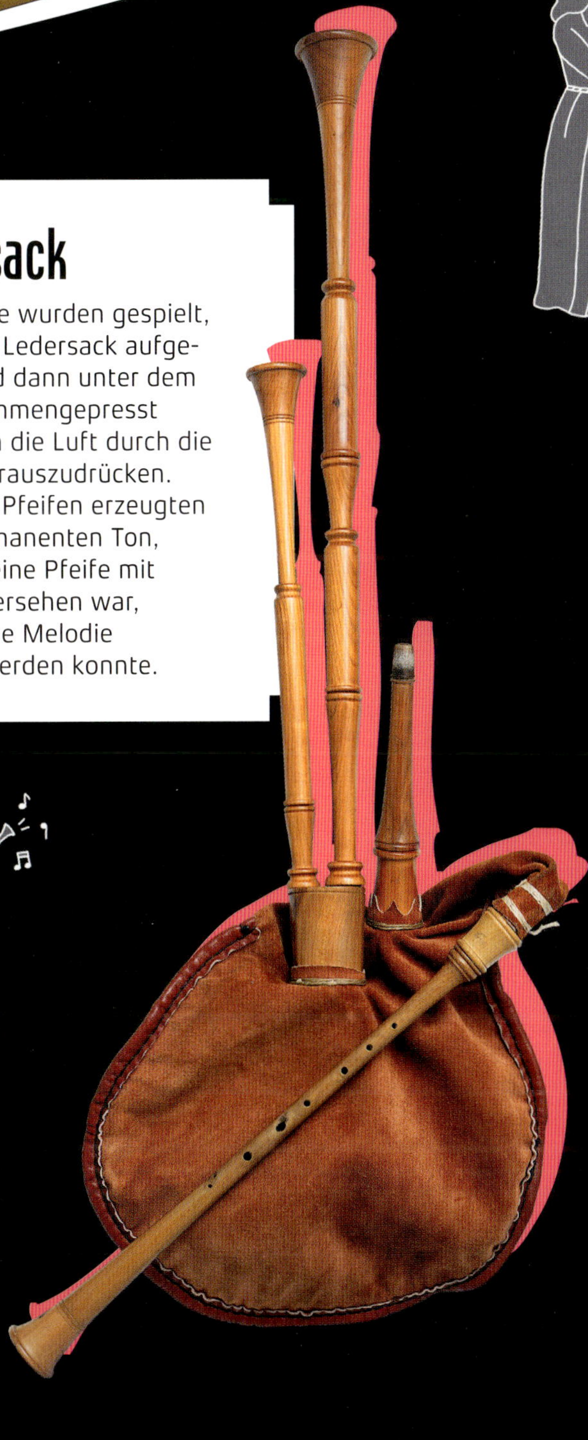

Gesang und Tanz

Tanzen war in allen Schichten beliebt. Adelsfamilien auf einer Burg oder einem Schloss veranstalteten Bälle, bei denen die Gäste zusammen tanzten. Jeder kannte die für die einzelnen Tänze vorgeschriebenen Schritte.

Castello Scaligero heute

Sicherer Hafen

Die Adelsfamilie der Scaliger erbaute die norditalienische Burg im 13. Jahrhundert, um sich während eines Konflikts gegen die Herzöge von Bayern zu verteidigen. Sie wurde im 19. Jahrhundert von den französischen Truppen Napoleons erobert. Danach stand sie leer.

Schon gewusst? 146 Stufen führen hinauf zu den Zinnen der Burg.

In der Römerzeit stand an der Stelle des Castello Scaligero ein römisches Kastell.

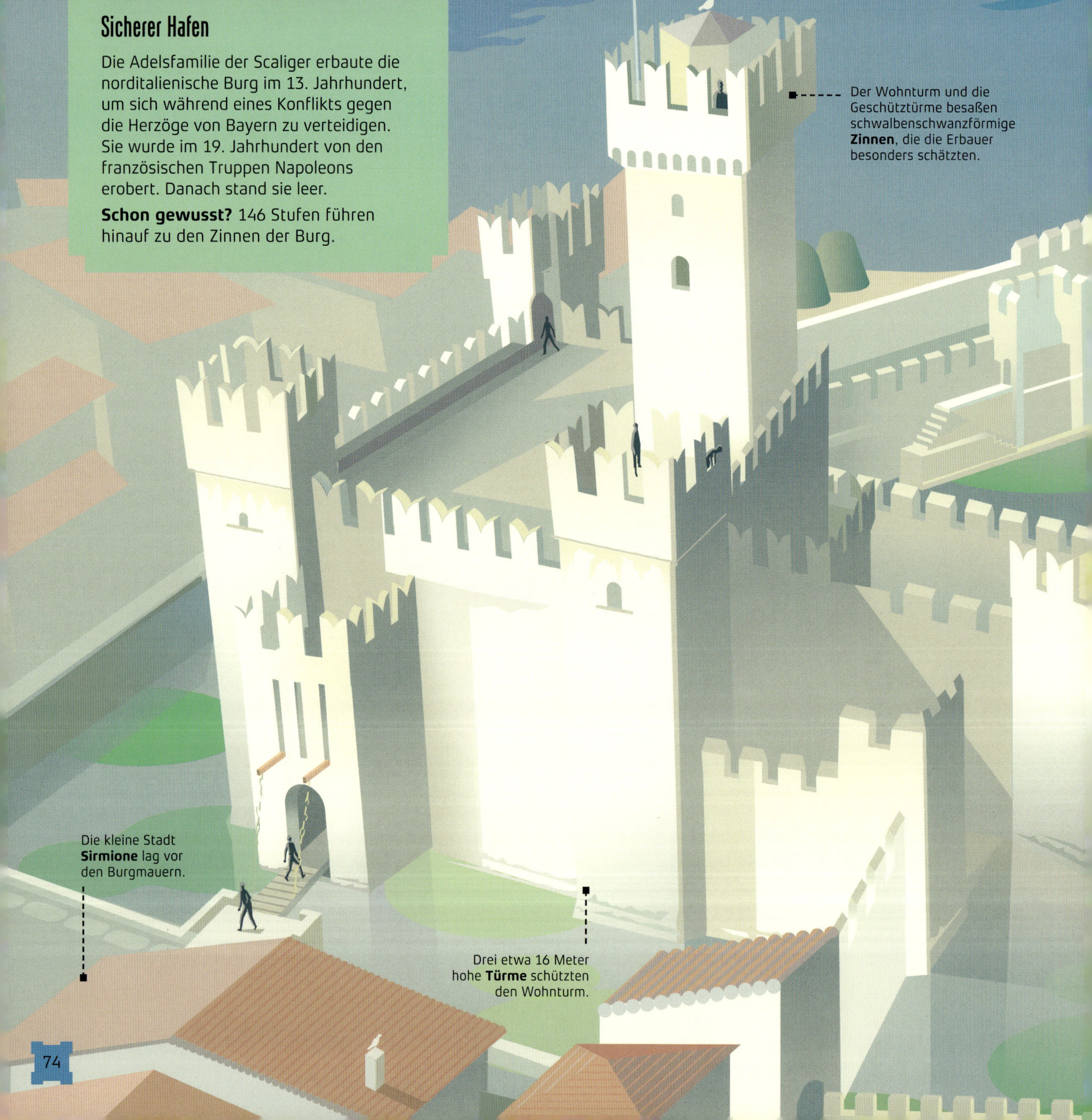

Castello Scaligero

Italien (September 1804)

An der engsten Stelle einer in den Gardasee ragenden Landzunge wurde das Castello Scaligero erbaut. Als sich die Napoleonischen Kriege über ganz Europa ausweiteten, wurde die Burg zu einem Waffenlager und einer Kaserne der französischen Streitkräfte. Von den hohen Festungsmauern aus hielten sie Ausschau nach Feinden, während Boote Vorräte in den befestigten Hafen der Burg lieferten.

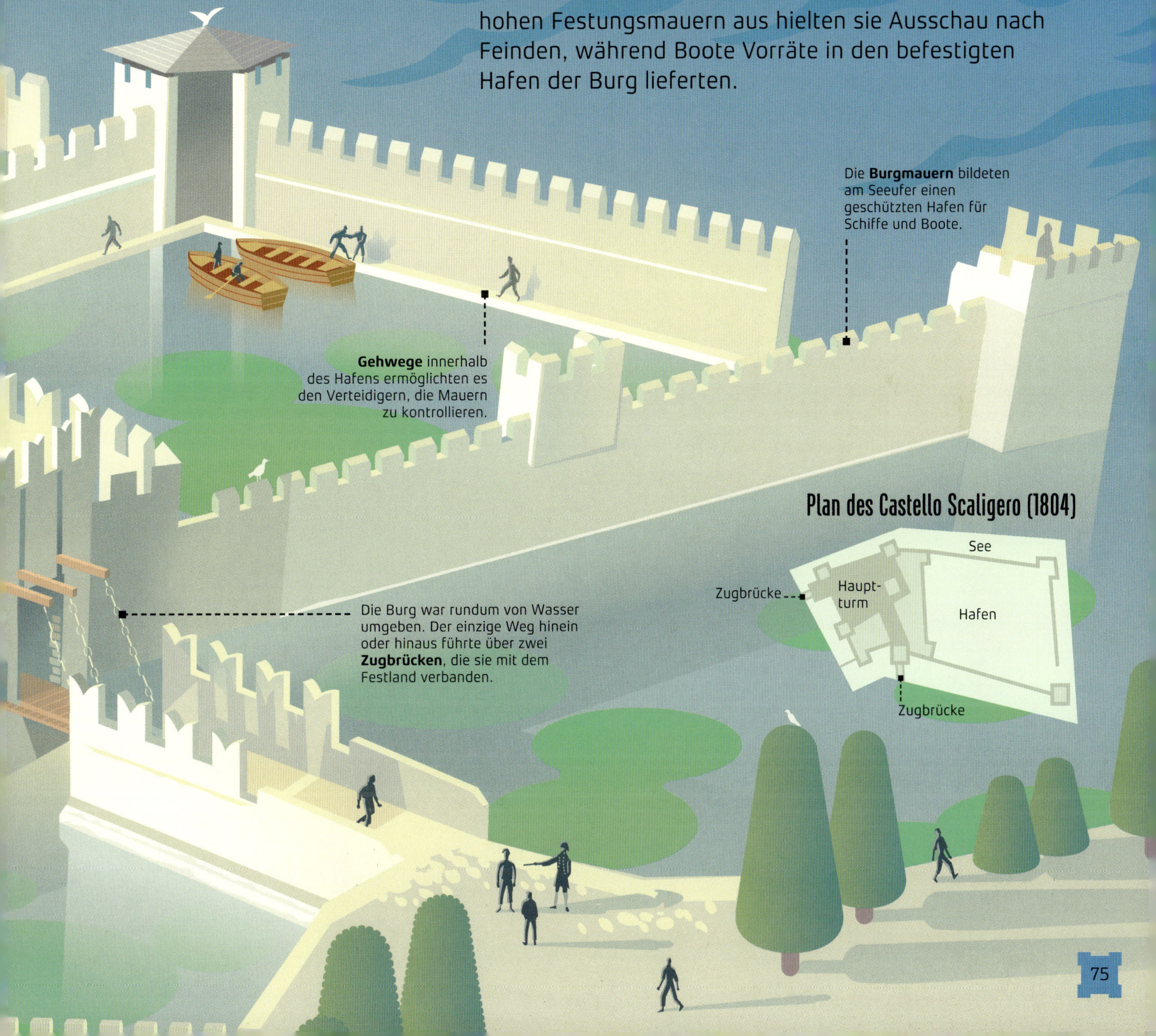

Alhambra

Spanien (August 1808)

Die Alhambra war ursprünglich weiß gestrichen, da aber die Farbe im Lauf der Zeit abblätterte, kamen die roten Wände zum Vorschein.

Alhambra heute

Die rote Burg

Bereits im 9. Jahrhundert gab es an dieser Stelle eine Burg. Sultan Mohammed I., Gründer des nasridischen Königreichs, schuf im 13. Jahrhundert den ersten Palast an diesem Ort, den viele nasridische Herrscher danach erweiterten. Im 15. Jahrhundert richteten König Ferdinand II. und Königin Isabella I. ihren Hof in der Festung ein, aber schließlich wurde sie aufgegeben.

Schon gewusst? Man erzählt in der Gegend, dass unter der Festung ein kostbarer Schatz vergraben sein soll. Ein Geist würde ihn bewachen.

Von dem großen Palastkomplex über der Stadt Granada hatte man einen umfassenden, strategischen Überblick über die Umgebung und die darunter liegende Stadt. Jahrhundertelang war die Festung in der Hand der nasridischen Sultane, die hier großartige Paläste und Gärten schufen. Die maurische Herrschaft endete 1491, dann wurde die Festung von den Spaniern übernommen. Im 18. Jahrhundert wurde sie aufgegeben und verfiel. Als 1808 die französischen Truppen von Kaiser Napoleon Spanien besetzten, gab es niemanden, der die Burg verteidigen konnte, und so wurde sie weiter zerstört.

Plan der Alhambra (1808)

In der Alhambra

Die Alhambra zieht jedes Jahr Millionen Besucher an. Sie kommen, um die prachtvollen Gebäude, Innenhöfe und Gärten, vor allem aber die außergewöhnlich kunstvollen Dekorationen und Ornamente an den Wänden der Paläste zu bestaunen. Insbesondere die Nasridenpaläste im Westen der Alhambra sind übersät mit vielfarbigen Kacheln und arabischen Inschriften. Die meisten Ornamente, sogenannte Arabesken, bestehen aus Stuck, einem besonderen Mörtel.

Rundbögen

Jede Fläche in der Alhambra ist bemalt und mit Fliesen oder Arabesken geschmückt. Das gilt auch für die aufwändig gravierten Bögen. Viele von ihnen haben gar keine Funktion, sondern sind reine Verzierung. Die Motive umfassen Pflanzen und Kalligrafie, also in schönen Buchstaben geschriebene Worte.

Kacheln

Bunte Keramikfliesen zieren in verschlungenen, sich wiederholenden Mustern viele der Palastmauern. Die verwendeten Farbpigmente wurden aus natürlichen Materialien wie Eisen, Kupfer und Zinn gewonnen.

Löwenhof

Der Löwenhof befindet sich innerhalb der Nasridenpaläste. Hier gibt es einen Brunnen mit zwölf Marmorlöwen, die Wasserfontänen aus ihren Mäulern spucken. Ein Wandelgang mit 124 Säulen bietet Schutz vor der heißen Sonne.

Myrtenhof

Die Myrtenhecken, die um ein rechteckiges Wasserbecken wachsen, gaben diesem Ort seinen Namen. Das Wasser quillt aus zwei sich gegenüberliegenden Springbrunnen.

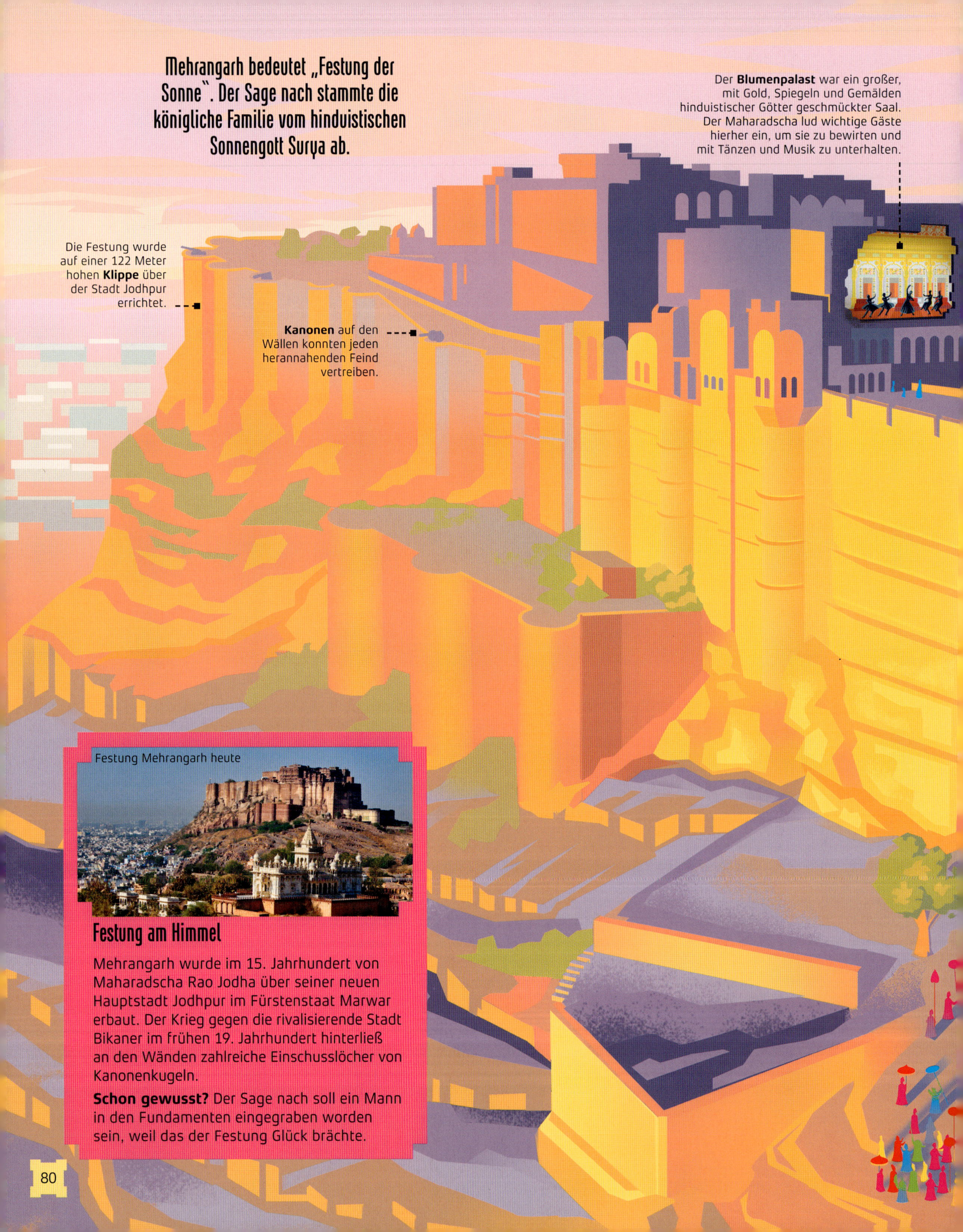

Mehrangarh bedeutet „Festung der Sonne". Der Sage nach stammte die königliche Familie vom hinduistischen Sonnengott Surya ab.

Der **Blumenpalast** war ein großer, mit Gold, Spiegeln und Gemälden hinduistischer Götter geschmückter Saal. Der Maharadscha lud wichtige Gäste hierher ein, um sie zu bewirten und mit Tänzen und Musik zu unterhalten.

Die Festung wurde auf einer 122 Meter hohen **Klippe** über der Stadt Jodhpur errichtet.

Kanonen auf den Wällen konnten jeden herannahenden Feind vertreiben.

Festung Mehrangarh heute

Festung am Himmel

Mehrangarh wurde im 15. Jahrhundert von Maharadscha Rao Jodha über seiner neuen Hauptstadt Jodhpur im Fürstenstaat Marwar erbaut. Der Krieg gegen die rivalisierende Stadt Bikaner im frühen 19. Jahrhundert hinterließ an den Wänden zahlreiche Einschusslöcher von Kanonenkugeln.

Schon gewusst? Der Sage nach soll ein Mann in den Fundamenten eingegraben worden sein, weil das der Festung Glück brächte.

Festung Mehrangarh

Indien (August 1813)

Die riesige Festung Mehrangarh, die sich auf einem Felsen über der Stadt Jodhpur erhob, leuchtete im Sonnenlicht orangefarben. Ein königliches Paar schritt durch das prächtige Jai Pol, ein mit Ornamenten und Malereien verziertes Steintor mit schweren, handgeschnitzten Holztüren. Es handelte sich um den Maharadscha Man Singh und seine junge Braut. Sänger und Tänzer begrüßten die Ankunft ihres Herrschers und bunt geschmückte Elefanten standen Spalier.

Jai Pol, das „Siegestor", wurde 1806 von Maharadscha Man Singh anlässlich seines Sieges über die Städte Jaipur und Bikaner erbaut.

An einem klaren Tag kann man von der Burg aus fast 100 Kilometer weit sehen.

Burg Hohenzollern

Deutschland (Oktober 1867)

Eine erste Burg Hohenzollern entstand schon im 11. Jahrhundert, aber sie wurde vollständig zerstört. Auch von einem späteren Neubau blieb nicht viel übrig. König Friedrich Wilhelm IV. von Preußen, der aus dem Hause Hohenzollern stammte, besuchte die Stätte 1819 und fand nur die bröckelnden Überreste einer mittelalterlichen Festung vor. Er beschloss, sie mit einem großen Eingang und verzierten Türmen, die sich bis zu den Wolken erheben, wieder aufzubauen. Zwar starb der König 1861, aber sechs Jahre später war es dennoch so weit: Die Hohenzollern konnten hier wieder Gäste empfangen.

Königliche Gäste gelangten durch das **Adlertor** in die Burg – nachdem die Zugbrücke für sie heruntergelassen worden war.

Plan der Burg Hohenzollern (1867)

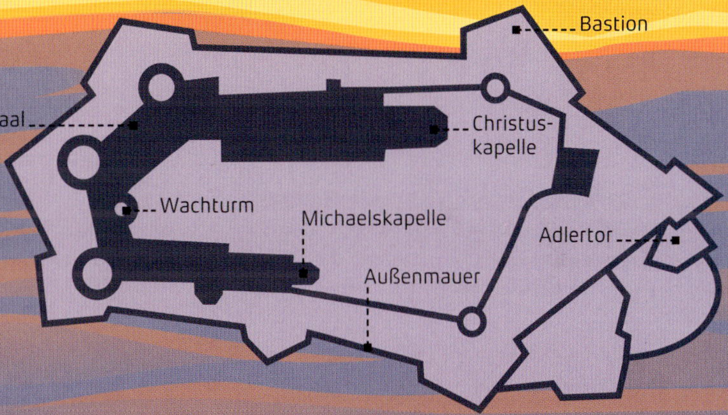

Burg Hohenzollern heute

Hohenzollern – die dritte Burg

Die Hohenzollern errichteten im 11. Jahrhundert die ursprüngliche Burg im deutschen Südwesten. Sie wurde zerstört und im 15. Jahrhundert durch eine stärkere neue Burg ersetzt, die jedoch verfiel. Die heutige Burg wurde im Jahr 1867 fertiggestellt.

Schon gewusst? Ein Gespenst, das alle nur die „Weiße Frau“ nennen, soll durch die Säle der Burg Hohenzollern streifen.

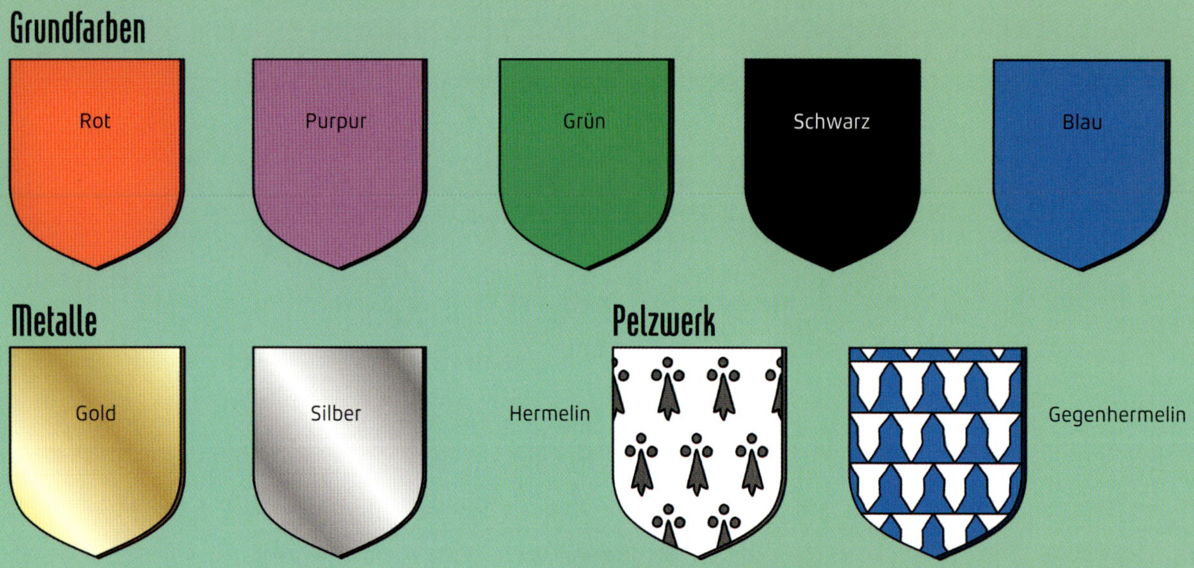

Heraldik

Freund oder Feind? Wie konnte man auf dem Schlachtfeld feststellen, welcher Ritter sich hinter einer Rüstung verbarg? Im Mittelalter zeigten Könige, Adlige und Ritter Symbole auf ihren Bannern, Schilden und Kleidern, um sich zu erkennen zu geben. Diese Praktik wurde als Heraldik bekannt. Das sogenannte Wappen setzte sich aus verschiedenen Farben und Zeichen zusammen und jedes Einzelteil hatte eine eigene Bedeutung.

Farben

Das schlichteste Kennzeichen ist eine bestimmte Farbe. In der Heraldik werden Farben als Tinkturen bezeichnet und jede hat ihren eigenen Namen. Manche sind metallisch, andere haben besondere Tierfellmuster.

Richard „Löwenherz“

Drei goldene Löwen auf rotem Grund waren lange Zeit das Symbol für England. König Richard I., auch bekannt als Richard „Löwenherz“, schuf es 1198. Die Löwen finden sich auch heute noch im Logo der englischen Fußballnationalmannschaft.

Wappenschnitt

Um mehr Vielfalt bei den Wappen zu ermöglichen, wurden die Flächen der Wappenschilde durch sogenannte Schnitte unterteilt. Sie werden nach der Form der Teilung bezeichnet.

Figuren

Die heraldischen Figuren waren Abbildungen von Gegenständen, Tieren oder sogar Fabelwesen. Jede Figur war in der Regel einfach genug gestaltet, um aus der Entfernung erkennbar zu sein und leicht auf Schilden und Bannern abgebildet werden zu können.

Drache

Sonne

Löwe

Adler

Einhorn

Lilie

Balken

Pfahl

Schildhaupt

Sparren

Kreuz

Schrägkreuz

Schrägbalken

Deichsel

Spitze

Japanisches Kamon

In Japan entwarfen die Adelsfamilien ihre eigenen Sondersymbole namens Kamon, die mit den uns bekannten Wappen vergleichbar sind. Sie waren meist rund und stellten symbolisch Pflanzen, Blüten oder Tiere dar. Manchmal fand das Kamon auch in der Gestaltung einer Burg Verwendung.

Burg Kumamoto

Japan (Februar 1877)

Das Burgtor Akazu-no-mon wurde nie geöffnet. So sollte verhindert werden, dass böse Geister eintreten.

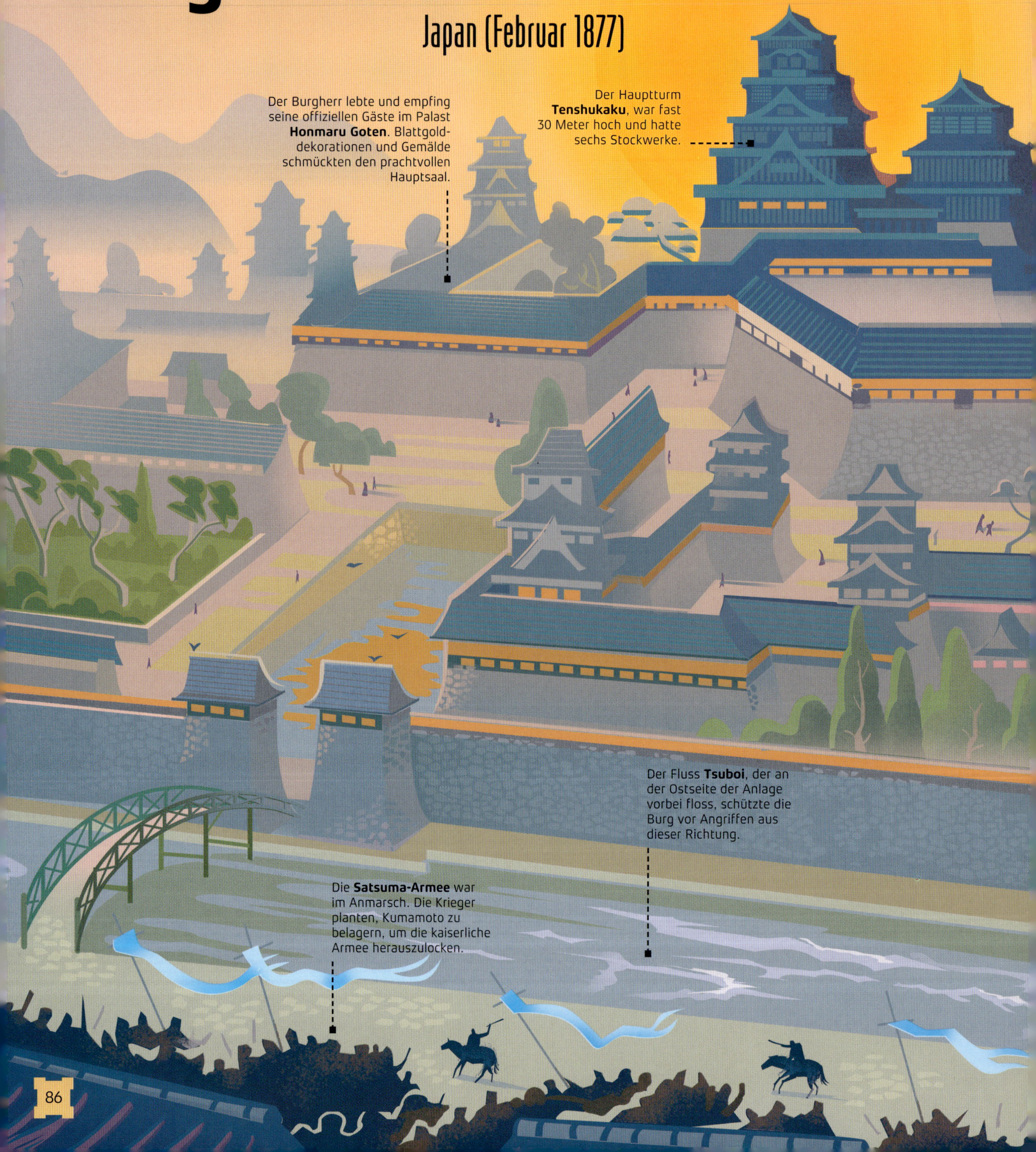

Die Burg Kumamoto wurde als wehrhafte Festung erbaut. Die gesamte Anlage verfügte über einen Hauptturm, einen Palast, 49 Türme, 29 Tore, stabile Steinmauern, Gräben und viele Schießscharten. Einige äußerst entschlossene Samurai-Krieger ließen sich davon jedoch nicht abschrecken. Sie stammten aus der japanischen Provinz Satsuma, waren wütend auf die Regierung und hatten eine Armee aufgestellt, die auf Japans Hauptstadt Tokio zumarschierte. Doch um dorthin zu gelangen, mussten sie die Burg Kumamoto passieren.

Plan der Burg Kumamoto (1877)

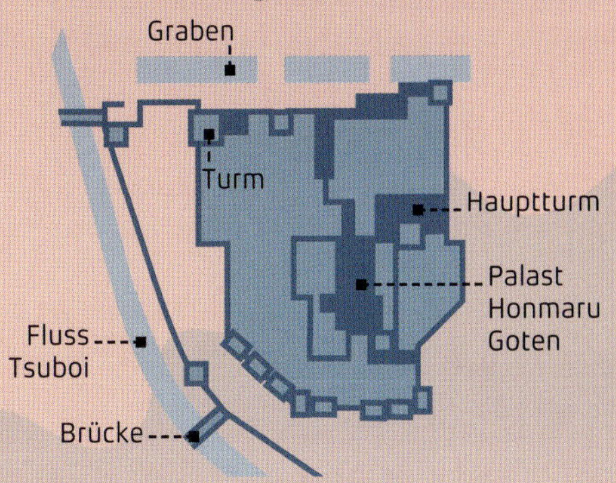

Burg Kumamoto heute

Verschachtelte Festung

Die an der Stelle einer kleinen Burg aus dem 15. Jahrhundert erbaute Festung wurde im 16. Jahrhundert von dem Landesfürsten Kato Kiyomasa erbaut. Die während der Satsuma-Rebellion im 19. Jahrhundert zerstörte Burg wurde restauriert, danach aber durch mehrere Erdbeben, darunter eines im Jahr 2016, wiederholt beschädigt.

Schon gewusst? Die Tatami-Matten, mit denen die Böden der Burg ausgelegt waren, bestanden aus Stroh- und Gemüsehalmen. Sie konnten während einer Belagerung als Nahrung dienen.

Ritter gegen

Kampferprobt, tapfer, gebildet und loyal – Ritter waren geachtete Krieger im Dienst ihres Herrn, des Königs oder der Königin. Durch schwere Rüstungen geschützt, schwangen sie ihre tödlichen Waffen mit Geschick – ob zu Pferde oder im Zweikampf Mann gegen Mann.

Waffen

Ein Ritter oder ein Samurai vertraute auf seine Waffen. Es erforderte viel Training und Erfahrung, ein Schwert, eine Axt oder einen Streitkolben zu führen, während man auf einem Pferd ritt oder eine schwere Leder- oder Metallrüstung trug.

Schwerter waren Waffen, die ein- oder beidhändig geführt wurden.

Ein massiver **Streitkolben** hatte an einem Ende eine Keule, die manchmal auch spitz zulief.

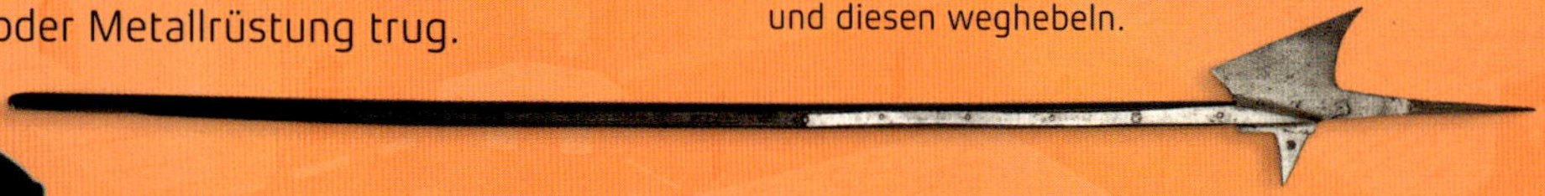

Eine **Streitaxt** konnte geworfen oder geschwungen werden. Man konnte sie auch am Schild des Gegners einhaken und diesen weghebeln.

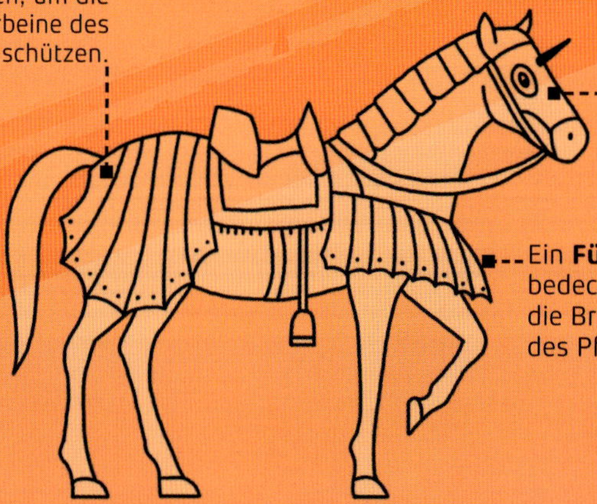

Rüstung eines Ritters

Ein Samurai trug oft zwei verschiedene Schwerter, darunter ein Langschwert, das **Katana**.

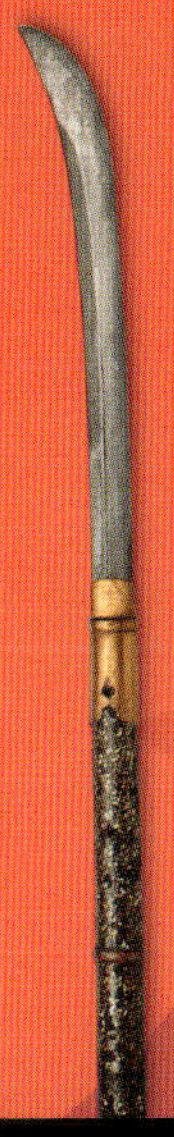

Eine Stange mit einer Klinge an der Spitze, die **Naginata**, wurde eingesetzt, um einen größeren Abstand zum Gegner wahren zu können.

Die **Uchine** war ein befiederter Wurfpfeil, der aber auch im Nahkampf eingesetzt wurde.

Das Kurzschwert **Wakizashi** hatte eine kürzere Klinge als das Katana und wurde im Nahkampf eingesetzt.

Rüstung eines Samurai

Samurai

Die gleichen Eigenschaften, die bei einem Ritter geschätzt wurden, verlangte man auch von einem japanischen Samurai. Er setzte Waffen mit tödlicher Präzision ein, brauchte aber auch eine schnelle Auffassungsgabe, um seine Gegner zu überlisten. Wie ein Ritter übte sich ein Samurai in Selbstdisziplin und war ein Ehrenmann.

Die Maske eines Samuraipferds war häufig einem **Drachenkopf** nachempfunden.

Die Pferderüstung bestand aus zusammengesetzten **Lederstücken**.

Pferde

Das wichtigste Kapital eines Ritters oder Samurai war sein Pferd. Samurai waren die einzigen japanischen Krieger, die zu Pferd in die Schlacht ziehen durften. Ritter und Samurai verbrachten Stunden auf dem Rücken ihrer Pferde.

Zuerst wurde das Schloss als „Neue Burg Hohenschwangau“ bezeichnet. Erst seit 1886 trägt es den Namen „Neuschwanstein“.

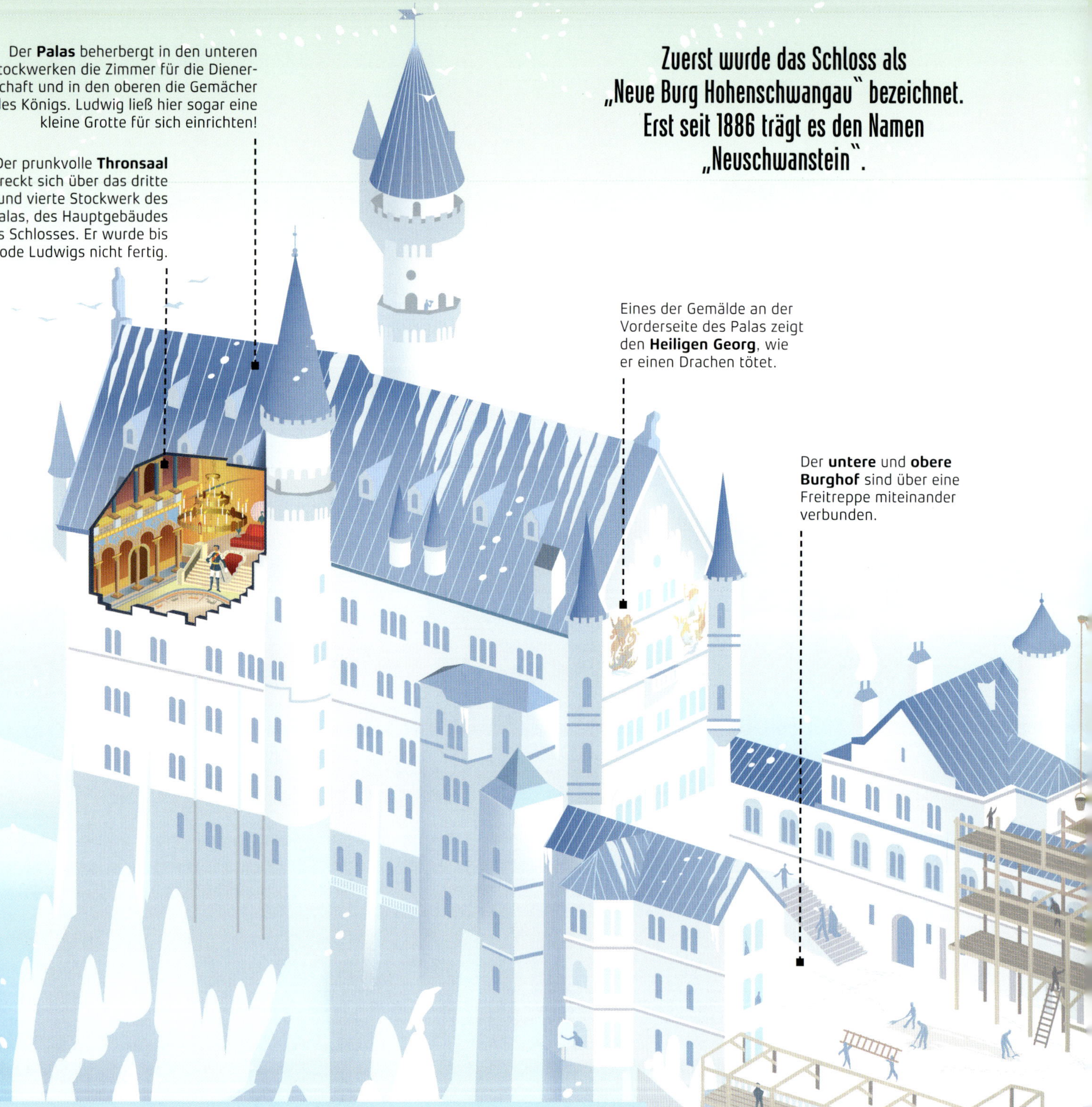

Der **Palas** beherbergt in den unteren Stockwerken die Zimmer für die Dienerschaft und in den oberen die Gemächer des Königs. Ludwig ließ hier sogar eine kleine Grotte für sich einrichten!

Der prunkvolle **Thronsaal** erstreckt sich über das dritte und vierte Stockwerk des Palas, des Hauptgebäudes des Schlosses. Er wurde bis zum Tode Ludwigs nicht fertig.

Eines der Gemälde an der Vorderseite des Palas zeigt den **Heiligen Georg**, wie er einen Drachen tötet.

Der **untere** und **obere Burghof** sind über eine Freitreppe miteinander verbunden.

Schloss Neuschwanstein heute

Märchenschloss

Neuschwanstein wurde im 19. Jahrhundert ganz nach den romantischen Vorstellungen von König Ludwig II. erbaut. Es blieb zwar unvollendet, dennoch wurde es zu einer sehr beliebten Touristenattraktion.

Schon gewusst? Ludwig waren nur wenige Nächte in seinem zauberhaften Schloss vergönnt, bevor er starb.

Schloss Neuschwanstein

Deutschland (April 1884)

Es war beinahe Mittag und die märchenhaften Türme von Schloss Neuschwanstein versanken im Schneegestöber. Doch König Ludwig II. von Bayern schlief noch tief und fest. Er hatte es sich angewöhnt, die Nacht zum Tage zu machen und dafür den Tag im Bett zu verbringen. Da seine königliche Macht begrenzt war, baute er mit seinen Schlössern eine Fantasiewelt um sich herum auf. Neuschwanstein war Ludwigs größtes Projekt, doch er starb 1886, noch bevor es vollendet war.

Plan von Schloss Neuschwanstein (1884)

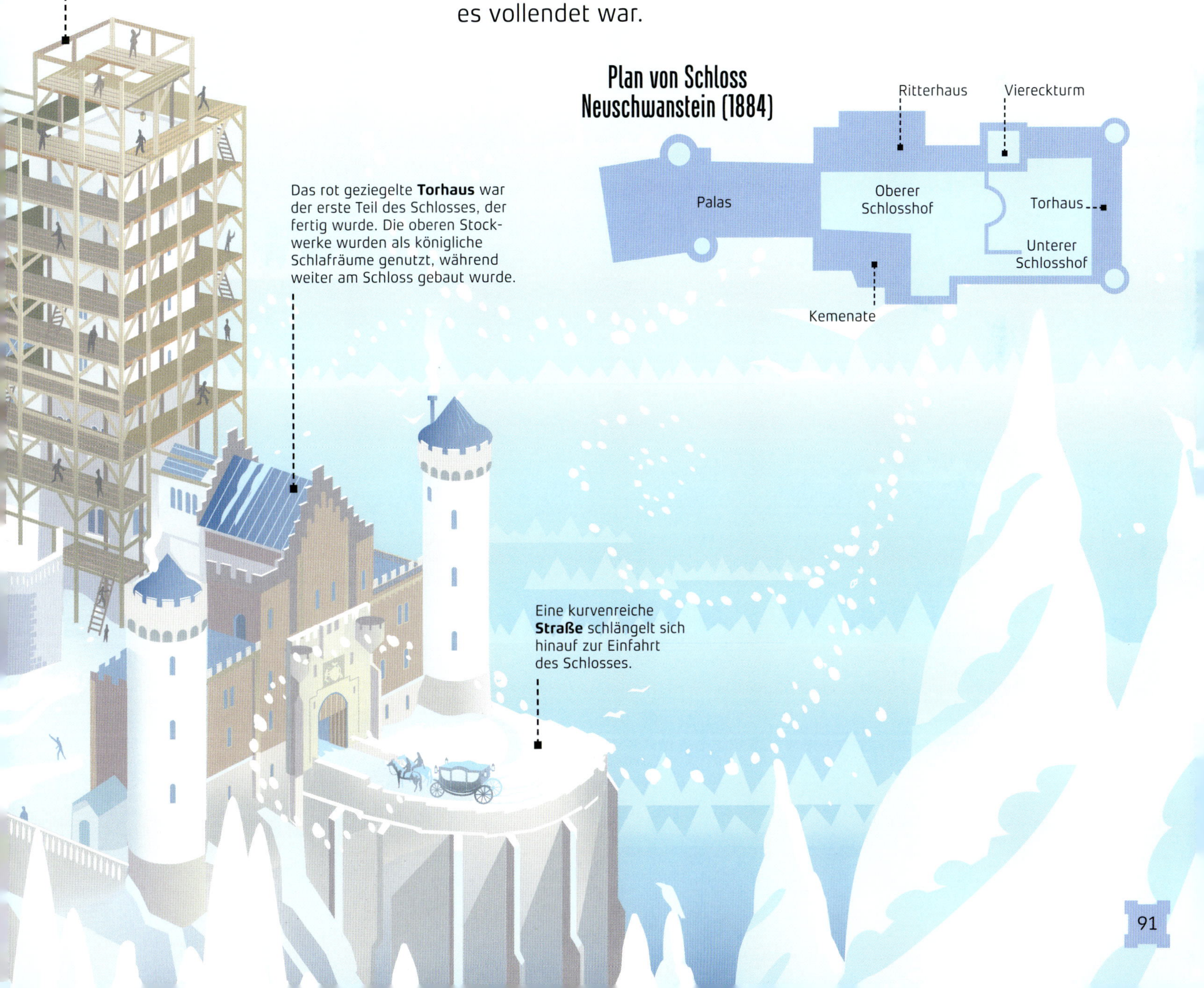

Thronsaal

Ludwig starb, bevor er in diesem prunkvollen Saal einen Thron aufstellen konnte. Der riesige Raum erstreckt sich über zwei Stockwerke des Palas und birgt einen 4 Meter hohen Kronleuchter. Die vergoldeten Wände sind mit Bildern von Aposteln, Heiligen und Königen bemalt.

Sängerhalle

Ungeachtet seines Namens wurde dieser Saal weder zum Singen noch für Feste genutzt. Inspiriert vom Sängersaal in der Wartburg, ließ ihn König Ludwig als würdiges Denkmal für die Ritterkultur des Mittelalters erbauen.

Küche

Die gut ausgestattete Küche verfügte über einen Ofen, beheizte Schubfächer zum Warmhalten von Tellern und sogar über ein Fischbecken, damit immer frischer Fisch serviert werden konnte. Ludwig hielt nichts von regelmäßigen Essenszeiten, sodass die Köche jederzeit vorbereitet sein mussten.

Im Schloss Neuschwanstein

König Ludwig II. plante sein Schloss als Monument seiner idealisierten Vorstellung vom Mittelalter. An vielen Wänden befinden sich Gemälde mit heroischen Rittern, Mythen und Legenden. Sein Neuschwanstein sollte absolut perfekt sein. Durch seinen Tod im Jahr 1886 blieb das Schloss jedoch unvollendet. Kaum zwei Monate nach Ludwigs Tod wurde es der Öffentlichkeit zugänglich gemacht. Heute ist es eine der beliebtesten Touristenattraktionen Deutschlands.

Ludwigs Schlafzimmer

Das prunkvolle Schlafzimmer des Königs ist besonders reich geschmückt. Auf den Bildern ist die Sage von Tristan und Isolde dargestellt. Bett und Wände sind mit Holzschnitzereien verziert. Der Wasserspender ist in Form eines versilberten Schwans gearbeitet.

Bilderzyklen

Im gesamten Schloss finden sich unzählige Wandmalereien, die von den mittelalterlichen Sagen, von denen auch die Opern Richard Wagners erzählen, inspiriert sind. Dazu gehören Geschichten von den Rittern des König Artus und nordischen Gottheiten.

Kasteel de Goede Hoop

Südafrika (März 1901)

Die „Burg der Guten Hoffnung“, eine sternförmige Festung in Kapstadt, war einst direkt am Meer erbaut worden und sollte Macht und Stärke demonstrieren. Eine Mannschaft von Matrosen, Soldaten und Sklaven errichtete das riesige Bauwerk unter dem Befehl der Niederländischen Ostindien-Kompanie als Posten zwischen Europa und Asien. Später übernahmen die Briten die Festung. Während des Zweiten Burenkriegs zwischen dem Britischen Weltreich und Teilen Südafrikas wurde sie als Gefängnis genutzt.

Plan von Kasteel de Goede Hoop (1901)

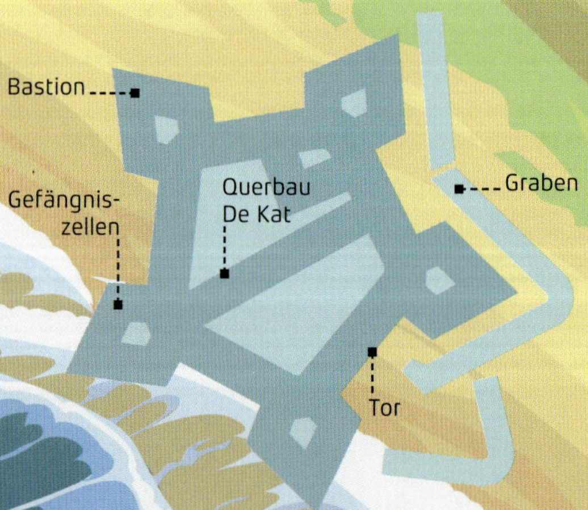

Die „Burg der Guten Hoffnung" wurde aus Granitsteinen und Schieferplatten gebaut. In den Mörtel mischte man Muschelschalen.

Um Angreifer auszubremsen, wurde ein langer Querbau namens **De Kat** über den Innenhof der Festung gebaut. Hier befanden sich auch die Büros der Beamten.

Die **gelbe Farbe** an den Wänden wurde gewählt, um die grellen Strahlen der prallen Sonne zu dämpfen. Die helle Farbe reflektierte die Hitze und in der Festung blieb es angenehm kühl.

Dieser **Eingang** war ursprünglich nicht vorhanden, sondern wurde erst im Jahr 1682 gebaut. Darüber befand sich in einem Glockenturm eine gewaltige, 300 Kilogramm schwere Glocke. Wenn sie läutete, eilten Soldaten und Einwohner zur Festung, um zu erfahren, was es Neues gab.

Die fünf **Bastionen**, die der Festung ihre Sternform verliehen, wurden nach den Grafschaften des niederländischen Prinzen Wilhelm II. benannt. Jede Bastion hatte genug Waffen gebunkert, um ohne Unterstützung jederzeit weiterkämpfen zu können.

Kasteel de Goede Hoop heute

Sternförmige Festung

Die ursprüngliche Festung wurde Mitte des 17. Jahrhunderts aus Holz und Lehm erbaut, später aber durch eine solide Festung aus Stein ersetzt. 1795 wurde sie von den Briten eingenommen. Ab dem 20. Jahrhundert übernahm Südafrika die Kontrolle über die Festung.

Schon gewusst? Einst stand die Festung direkt am Meer. Heute liegt sie etwas landeinwärts, da sich die Küstenlinie durch Landaufschüttungen verschoben hat.

Tunnel in die Freiheit

Kasteel de Goede Hoop (April 1901)

Für die Menschen, die in dieser Festung festgehalten wurden, gab es kaum noch Hoffnung. Die britischen Besatzer kämpften gegen die Buren und die Kriegsgefangenen wurden in die Zellen der Festung gesteckt. Unter ihnen befand sich im Jahr 1901 auch ein Spion der Buren, Fritz Joubert Duquesne. Er war zuvor schon aus vielen Gefängnissen entflohen. Nun aber fand er sich in der Burg der Guten Hoffnung wieder. Hatte er eine Chance, auch aus dieser Festung zu entfliehen?

Um die Spuren seiner Arbeit zu verwischen, entsorgte Duquesne jeden Löffel Mörtel durch die Gitterstäbe seines **Zellenfensters**.

Die **Steinmauern** der Festung waren unglaublich dick – einige sollen sogar kanonensicher gewesen sein. Tiefe Fundamente stützten die schweren Mauern, und um diese noch stabiler zu machen, gab es sogar doppelte Mauern, deren Zwischenraum mit Lehm verfüllt worden war.

Duquesne konnte sich nicht wegzaubern oder freikaufen, aber er besaß einen eisernen **Löffel**. Nach und nach kratzte er damit den Mörtel zwischen den Steinen heraus, der diese zusammenhielt. Nacht für Nacht arbeitete er daran, die Steine zu lösen, um später fliehen zu können.

Fritz Joubert Duquesne

Duquesne verachtete die Briten, deshalb schloss er sich dem Kampf an, als lokale Burenstreitkräfte Krieg gegen diese führten. Er wurde wiederholt gefangen genommen, konnte aber immer wieder entkommen. Nach seinem Fluchtversuch aus Goede Hoop wurde Duquesne in ein Gefängnis auf der Insel Bermuda verlegt. Von dort gelang ihm die Flucht und er ließ sich in den Vereinigten Staaten nieder.

In der Festung waren nur die besten holländischen **Ziegelsteine** verbaut worden. Auch der aus gebrannten Muschelschalen und Sand hergestellte Mörtel war von höchster Qualität.

Gefangen im Tunnel

Eines Nachts war Duquesne so weit. Das Loch in der Wand war gerade groß genug, dass er sich hindurchzwängen konnte. Er kroch in seinen Fluchttunnel, doch ein dicker Stein löste sich und klemmte ihn ein. Sein Fluchtplan war gescheitert. Am nächsten Morgen wurde er von einem Gefängniswärter bewusstlos aufgefunden.

Fluchten

Es war für Angreifer schon schwer genug, in eine Burg zu gelangen, aber stell dir vor, wie schwierig es erst einmal für einen Gefangenen war, wieder herauszukommen. Eingesperrt im Kerker, galt es, Steinmauern, Wassergräben und Wachen zu überwinden. Einigen wagemutigen und verzweifelten Gefangenen gelang es jedoch, zu fliehen.

Die Truhe

Der holländische Rechtsgelehrte Hugo Grotius wurde während eines Konflikts zwischen Staat und Kirche auf Schloss Loevestein in den Niederlanden inhaftiert. Seine Frau schickte ihm oft eine große Truhe voller Bücher. Eines Tages schlüpfte Grotius in die leere Truhe – und kam so an den Wachen vorbei.

Die Wachen schauten nicht in die Truhe, in der sich Grotius versteckt hatte.

Der Schlüssel

Die schottische Königin Maria Stuart wurde während eines Streits um die Krone in Lochleven Castle festgehalten. Nach einer ausgelassenen Feier, als alle Schlossbewohner betrunken waren, stahl ein Junge die Schlüssel für das Schloss und Stuart konnte entkommen.

Der Junge bedeckte die Schlüssel erst mit einem Tuch, wischte ein wenig herum und nahm sie dann an sich.

Geheime Botschaft

Der Jesuitenpriester John Gerard wurde wegen seiner religiösen Überzeugung im Tower von London festgehalten. Er schrieb seinen Freunden mit unsichtbarer Tinte eine Botschaft. Daraufhin ruderten sie in einem Boot zum Tower und verhalfen Gerard zur Flucht.

Gerard kletterte an einem Seil hinunter in das Boot seiner Retter.

Eine der wenigen Möglichkeiten, ungesehen aus der Burg zu entkommen, war es, den Weg zu wählen, den auch das Abwasser nahm – durch die Kanalisation.

Der Abwasserkanal

Der berüchtigte Ritter Erasmus von Luegg wurde wegen Mordes in der Burg von Ljubljana in Slowenien eingekerkert. Obwohl die Burg schwer bewacht wurde, gelang von Luegg die Flucht. Manche vermuten, dass er durch die Kanalisation entkommen ist. Vielleicht hat er aber auch eine Wache bestochen.

Die Gefangenen gruben einen Tunnel durch die Mauer des Gefängnisses. Das Loch ist heute noch zu sehen.

Der Tunnel

Im schottischen Edinburgh Castle wurden in den Napoleonischen Kriegen Gefangene untergebracht. 1811 untertunnelte eine Gruppe von 49 französischen Gefangenen die steinernen Gefängnismauern und kletterte dann an Seilen die Ringmauer hinunter. Sie wurden jedoch alle wieder festgenommen.

Der Segler

Während des Zweiten Weltkriegs bauten britische Gefangene, die auf Schloss Colditz in Ostdeutschland festgehalten wurden, gemeinsam ein Segelflugzeug – ein Flugzeug ohne Motor –, um über die Schlossmauern zu segeln. Sie wurden jedoch befreit, bevor es fertig war.

Die Gefangenen hatten das Segelflugzeug aus Bettgestellen, Bodendielen und Stoffen gebaut. Heute gibt es davon einen Nachbau.

Burg Himeji

Japan (Juli 1945)

Von der Burg, die hoch auf einem Hügel lag, bot sich ein überwältigender Blick auf die Stadt Himeji zu ihren Füßen. Die Burg diente seit dem 16. Jahrhundert als Herrschersitz und Kaserne. Im Zweiten Weltkrieg griffen amerikanische Bombenflugzeuge die Stadt an, da sie über einen wichtigen Bahnhof verfügte. Ein Großteil der Stadt wurde zerstört, aber die Burg blieb von den Bomben fast gänzlich verschont.

Wegen der weißen Fassaden und Dächer wird Himeji auch als „Burg des weißen Reihers" bezeichnet.

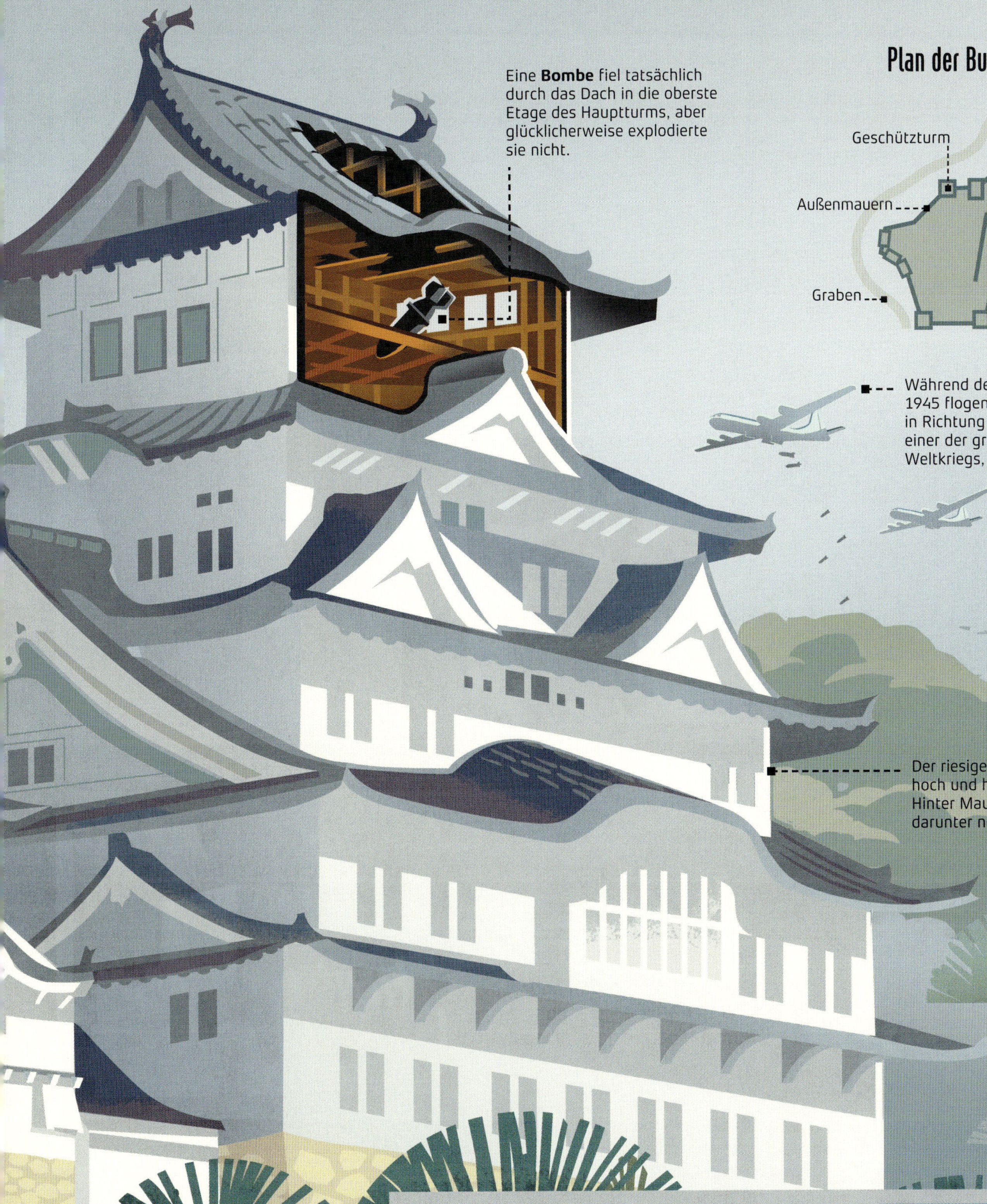

Plan der Burg Himeji (1945)

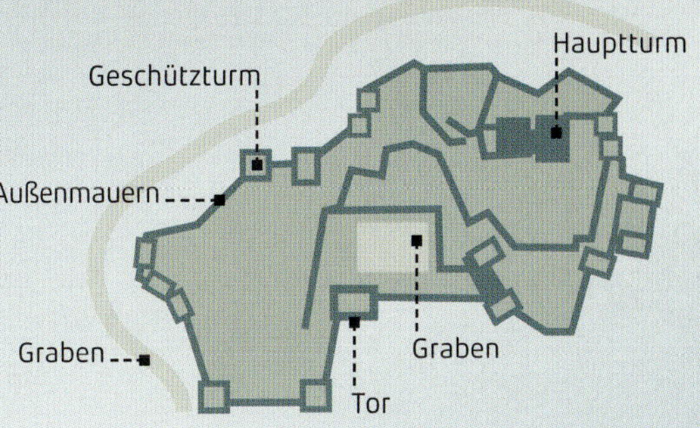

Die Burg des weißen Reihers

Die Burg im Südwesten Japans wurde im 16. Jahrhundert von Kuroda Shigetaka an der Stelle einer früheren Burg erbaut. Im frühen 17. Jahrhundert wurde sie erweitert. Sie wird zwar nicht mehr bewohnt, überlebte aber alle Versuche zu ihrer Zerstörung sowie mehrere Erdbeben.

Schon gewusst? Während eines starken Erdbebens im Jahr 1995 stand eine Flasche Sake (Reiswein) auf einem Altar in der Burg. Nicht ein Tropfen wurde dabei verschüttet.

Burg Himeji heute

Noch mehr Burgen

Von den frühesten Festungen aus Ziegelsteinen über wunderschöne steinerne Zitadellen bis hin zu modernen Erholungspalästen gibt es weltweit unzählige beeindruckende Burgen und Schlösser. Sie passen unmöglich alle in dieses Buch, deshalb findest du auf den folgenden Seiten einen kleinen Überblick über die schönsten Burgen der Welt.

Rotes Fort

Das Rote Fort (Indien) wurde von Großmogul Shah Jahan im 17. Jahrhundert erbaut. Es besitzt viele prunkvolle Gebäude und Gärten.

Schon gewusst? Das Fort verdankt seinen Namen dem roten Sandstein, aus dem es erbaut wurde.

Zitadelle Arg-e Bam

Diese Zitadelle im Iran wurde vor mehr als 2000 Jahren an der Seidenstraße erbaut, einer Handelsroute zwischen Europa und Asien. 2003 wurde Arg-e Bam durch ein Erdbeben stark beschädigt.

Schon gewusst? Die Anlage war bis 2003 das weltgrößte Bauwerk aus Lehm.

Burg Hochosterwitz

Schon seit der Bronzezeit leben Menschen auf diesem Hügel in Österreich und seit dem 9. Jahrhundert gibt es hier eine Burg. Die heutige Anlage stammt aus dem 16. Jahrhundert.

Schon gewusst? Die kurvenreiche Straße hinauf zur Burg führt durch 14 befestigte Tore.

Anadolu Hisarı

Diese im 14. Jahrhundert von Sultan Bayezid I. errichtete Burg liegt am Ufer des Bosporus in Istanbul (Türkei).

Schon gewusst? Am anderen Ufer der Meerenge steht Rumel Hisarı, eine Zwillingsburg.

Prager Burg

Die Anfänge der Prager Burg (Tschechische Republik) reichen bis ins 9. Jahrhundert zurück. Seither wurde sie immer wieder umgebaut und hat ihr Aussehen stark verändert. Sie gilt als eine der größten Burganlagen weltweit.

Schon gewusst? Im Veitsdom auf dem Gelände der Burg werden die böhmischen Kronjuwelen aufbewahrt.

Kilkenny Castle

Die Burg von Kilkenny (Irland) wurde im 12. Jahrhundert von dem normannischen Adligen Richard de Clare erbaut. Sie bestand ursprünglich aus Holz. Im 13. Jahrhundert erfolgte ein Umbau aus Stein, der den Kern des heutigen Schlosses bildet.

Schon gewusst? Die Burg war fast 600 Jahre im Besitz einer Familie.

Burg Srebrenik

Diese mittelalterliche Burg wurde im 14. Jahrhundert erbaut und liegt auf einem felsigen Hügel in Bosnien und Herzegowina. Da sie nur über eine einzige Brücke zugänglich ist, war sie leicht zu verteidigen.

Schon gewusst? Die Außenmauern sind 1,5 Meter dick.

Burg zu Burghausen

Die deutsche Burg aus dem 11. Jahrhundert wurde im 13. Jahrhundert erweitert. Die Burganlage verläuft entlang eines schmalen Bergrückens und gliedert sich in fünf Höfe.

Schon gewusst? Diese Burg ist eine der längsten der Welt. Sie erstreckt sich über mehr als 1 Kilometer.

Verbotene Stadt

Dieser Gebäudekomplex in Peking (China) wurde im 13. Jahrhundert als Wohnsitz des Kaisers errichtet. Ohne seine Erlaubnis durfte niemand die Stadt betreten oder verlassen. Sie ist von einem Graben und einer hohen Mauer umgeben.

Schon gewusst? Die Verbotene Stadt umfasst etwa 800 Gebäude.

Le Mont-Saint-Michel

Auf dieser winzigen Insel vor der französischen Küste befand sich zunächst nur eine im 8. Jahrhundert erbaute Kirche. Um sie herum entwickelte sich ein Städtchen, das im 13. Jahrhundert durch mächtige Stadtmauern befestigt wurde.

Schon gewusst? Der Weg zur Insel wurde regelmäßig von der Flut überschwemmt, bevor man eine Brücke baute.

Schloss Lichtenstein

Wilhelm I. Herzog von Urach ließ im 19. Jahrhundert dieses Märchenschloss im Stil einer mittelalterlichen Burg erbauen.

Schon gewusst? Das Schloss ruht auf den Fundamenten einer älteren Burg aus dem 14. Jahrhundert.

Belvedere Castle

Dieses Miniaturschloss wurde nicht zu Verteidigungszwecken gebaut. Es stammt aus dem 19. Jahrhundert, steht im Central Park in New York City (USA) und bietet eine schöne Aussicht auf den umliegenden Park.

Schon gewusst? Belvedere bedeutet auf Italienisch „schöne Aussicht“.

Aït Benhaddou

Diese im 11. Jahrhundert befestigte Stadt in Marokko hat zinnenbewehrte Türme und ist von einer hohen Mauer umgeben. Die Gebäude im Inneren bestehen aus roten Lehmziegeln.

Schon gewusst? In dieser Stadt wurden schon viele Filme gedreht.

Großer Kremlpalast

Der Palast wurde im 12. Jahrhundert in Moskau (Russland) erbaut und über viele Jahre erweitert. Seine zinnenbewehrte Außenmauer hat 20 Verteidigungstürme.

Schon gewusst? Die Mauer, die den Kremlpalast umgibt, ist mehr als 2 Kilometer lang.

Zitadelle von Saladin

Diese gigantische Zitadelle wurde im 12. Jahrhundert von Sultan Saladin zur Verteidigung gegen die christlichen Kreuzritter in Kairo (Ägypten) erbaut. Aus ihren Fenstern kann man die Pyramiden von Giseh sehen.

Schon gewusst? In der gewaltigen Zitadelle befinden sich drei große Moscheen.

Marienburg

Der Deutsche Orden errichtete diese Backsteinburg im 13. Jahrhundert in Polen. 1309 machte er sie zu seinem Hauptsitz und viele weitere Gebäude wurden angebaut.

Schon gewusst? Die Marienburg ist die drittgrößte mittelalterliche Burganlage in Europa.

Groß-Simbabwe

Die befestigte Stadt war die Hauptstadt des historischen Königreichs Simbabwe. Sie wurde ab dem 11. Jahrhundert vom Volk der Shona erbaut.

Schon gewusst? Die mächtigen Steinmauern der Gebäude wurden ganz ohne Mörtel errichtet.

Alcázar von Segovia

Die Anlage in Spanien wurde im Lauf der Zeit von einem Römerkastell in eine Burg der Almoraviden und schließlich in eine steinerne Festung umgebaut. Nach einem Brand 1862 wurde sie wieder aufgebaut.

Schon gewusst? Von der Burg führen mehrere Geheimgänge zu nahe gelegenen Flüssen.

Großer Palast

Dieser riesige Palastkomplex wurde im 18. Jahrhundert in Bangkok (Thailand) als Wohnsitz von König Rama I. errichtet. Innerhalb der Ringmauern befinden sich mehr als 100 Gebäude.

Schon gewusst? In einem buddhistischen Tempel des Palasts steht eine Buddhastatue aus Jade.

Schloss Chapultepec

Dieses prachtvolle Schloss in Mexiko-Stadt wurde im 18. Jahrhundert als Wohnhaus für Vicomte Bernardo de Gálvez erbaut. Im 19. Jahrhundert verlegte Kaiser Maximilian I. von Mexiko seinen Hof dorthin.

Schon gewusst? Im Schloss war für kurze Zeit ein Observatorium.

LEGENDE

Europa

- **1** **Hen Domen** *Großbritannien* Seite 8–9
- **2** **Berkeley Castle** *Großbritannien* Seite 70–71
- **3** **Oxford Castle** *Großbritannien* Seite 12–15
- **4** **Southsea Castle** *Großbritannien* Seite 56–57
- **5** **Windsor Castle** *Großbritannien* Seite 38–39
- **6** **Château Gaillard** *Frankreich* Seite 22–25
- **7** **Carcassonne** *Frankreich* Seite 28–31
- **8** **Alhambra** *Spanien* Seite 76–79
- **9** **Schloss Chillon** *Schweiz* Seite 52–55
- **10** **Schloss Heidelberg** *Deutschland* Seite 62–63
- **11** **Burg Hohenzollern** *Deutschland* Seite 82–83
- **12** **Wartburg** *Deutschland* Seite 44–47
- **13** **Schloss Neuschwanstein** *Deutschland* Seite 90–93
- **14** **Castello Scaligero** *Italien* Seite 74–75
- **15** **Festung Hohensalzburg** *Österreich* Seite 48–51
- **16** **Höhlenburg Predjama** *Slowenien* Seite 58–59
- **17** **Schloss Bran** *Rumänien* Seite 42–43

Weltweit

- **18** **Elmina Castle** *Ghana* Seite 66–69
- **19** **Kasteel de Goede Hoop** *Südafrika* Seite 94–97
- **20** **Krak des Chevaliers** *Syrien* Seite 34–35
- **21** **Burg Kerak** *Jordanien* Seite 18–19
- **22** **Festung Mehrangarh** *Indien* Seite 80–81
- **23** **Burg Kumamoto** *Japan* Seite 86–87
- **24** **Burg Himeji** *Japan* Seite 100–101

Wo auf der Welt?

Europa war im Mittelalter ein Zentrum des Burgenbaus. Die Festungen wurden manchmal in weniger als einem Jahr errichtet, um die Grenzen zu schützen. Schlösser und Burgen stehen aber auch an vielen anderen Orten auf der Welt. Auf den Karten dieser Doppelseite kannst du sehen, wo sich die Burgen aus diesem Buch befinden.

NORDAMERIKA
ATLANTISCHER OZEAN
EUROPA
ASIEN
AFRIKA
SÜDAMERIKA
PAZIFISCHER OZEAN
INDISCHER OZEAN
AUSTRALIEN
18
19
20
21
22
23
24
NORWEGEN
DÄNE-
MARK
NIEDERLANDE
BELGIEN
LUXEMBURG
DEUTSCHLAND
POLEN
BELARUS
UKRAINE
TSCHECHIEN
SLOWAKEI
ÖSTERREICH
LIECHTENSTEIN
SCHWEIZ
UNGARN
SLOWENIEN
KROATIEN
BOSNIEN UND
HERZEGOWINA
SERBIEN
RUMÄNIEN
MOLDAWIEN
BULGARIEN
SCHWARZES
MEER
MONTENEGRO
KOSOVO
NORD-
MAZEDONIEN
ALBANIEN
TÜRKEI
(EUROPA)
GRIECHEN-
LAND
ITALIEN
SAN MARINO
MONACO
MITTELMEER
MALTA
9
10
11
12
13
14
15
16
17

Glossar

Adel
Gehörte zur Oberschicht und besaß gesellschaftlichen Vorrang. Im Feudalsystem diente der Adel dem Landesherrn und erhielt dafür im Gegenzug Ländereien.

Archäologie
Erforschung antiker oder historischer Gebäude und Gegenstände, um mehr über die Vergangenheit zu erfahren. Ein Wissenschaftler, der sich mit Archäologie beschäftigt, wird als Archäologe bezeichnet.

Artefakt
Von Menschen hergestellter Gegenstand, der von Archäologen ausgegraben wurde.

Bankett
Großes Abendessen, meist mit vielen Gästen und oft zur Feier eines großen Ereignisses.

Bastion
Vorspringende Anlage an einer oft spitzwinkligen Burgmauer, die es den Verteidigern erlaubte, in alle Richtungen zu schießen.

befestigen
Etwas widerstandsfähiger machen. Oft durch das Hinzufügen von Verteidigungsanlagen oder den Neuaufbau mit festeren Materialien.

Belagerung
Umzingelung einer Burg und Unterbrechung ihrer Versorgung, sodass die Bewohner gezwungen waren, sich zu ergeben.

Belagerungsturm
Ein Gerüst auf Rädern mit einer Holztreppe, das an die Burgmauern gerollt wurde, damit Angreifer sie überwinden konnten.

Belagerungswaffen
Verschiedene Vorrichtungen oder Maschinen zum Angriff auf eine Burg, etwa ein Katapult oder Rammbock.

Bergfried
Hauptturm innerhalb der Burgmauern.

Brandeisen
Langer Metallstab mit einem Griff am einem und einem Stempel am anderen Ende. Der glühende Stempel hinterließ eine Narbe auf der verbrannten Haut.

Burg
Gut zu verteidigende, oft beeindruckende Gebäude oder Gebäudegruppen, meist mit hohen Mauern und Türmen, um die Menschen im Inneren vor einem Angriff zu schützen. Burgen wurden von Monarchen, Adligen, dem Klerus und anderen wichtigen Personen bewohnt.

Burghof
Freier Platz innerhalb einer Burg, um den sich die Gebäude gruppieren.

Daimyo
Mächtiger Adliger und Krieger im japanischen Feudalsystem.

Feudalsystem
Soziale Struktur, in der Menschen für einen Grundherrn arbeiteten. Sie bestellten dessen Land und schuldeten dafür Abgaben. Im Gegenzug wurden sie vor feindlichen Angriffen geschützt.

Figur
Heraldisches Symbol auf einem Wappen. Tiere, Pflanzen und Fabelwesen waren häufig verwendete Figuren.

Hauptturm
Hauptgebäude in der Mitte einer Burg, oft der sicherste Ort. Hier befanden sich die Wohnräume der Adligen.

Kalligrafie
Die Kunst des Schönschreibens mit der Hand.

Katapult
Belagerungswaffe aus Holz, die wie eine riesige Armbrust funktionierte, um Steinbrocken, Fackeln oder andere Geschosse gegen die Mauern oder darüber zu schießen.

katholisch
Christliche Glaubensrichtung mit dem Papst als Oberhaupt.

Katze
Unterstand zum Schutz der Angreifer einer Burg. Sie konnte eine Vorrichtung besitzen, um ein Loch in die Burgmauer zu rammen.

Kerker
Sicheres, oft unterirdisches Gefängnis, aus dem man nur schwer oder gar nicht entkommen konnte.

Kettenhemd
Rüstungsteil aus kleinen, netzartig miteinander verflochtenen Metallringen.

Klerus
Angehörige des geistlichen Stands wie Priester, Nonnen oder Bischöfe.

Kreuzzüge
Von der Kirche unterstützte Kriege, mit denen man vom 11. bis 13. Jahrhundert erreichen wollte, die heiligen Stätten im Nahen Osten aus den Händen islamischer Herrscher zu erobern.

Lanze
Lange, stangenartige Waffe mit einem spitzen Ende. Beim Lanzenstechen im Turnier war dieses Ende stumpf.

Latrine
Einfache Toilette, oft nur ein Holzsitz mit einem Loch über einer Grube. Wird auch als Klo oder Abort bezeichnet.

Maharadscha
Indischer König.

Mittelalter
Zeitspanne in der Geschichte vom 6. bis zum 15. Jahrhundert, insbesondere in Europa.

Monarch
König oder Königin.

Mosaik
Bild oder Muster, das durch Anordnen von Fliesen, Stein- oder Glasstückchen entsteht.

Nebentor
Kleines Tor in einer Burgmauer. Wurde oft von den Burgbewohnern benutzt, um unbemerkt ein- und aus zu gehen.

Normannen
Menschen, die sich im 10. Jahrhundert in der französischen Normandie niederließen. Die Normannen waren für ihre militärische Stärke berühmt.

Palas
Hauptgebäude einer Burg mit einem großen Saal.

Palast
Prunkvolles großes Gebäude, bewohnt von einem Monarchen, Adligen oder wichtigen Herrscher.

Pigment
Farbgebende, oft natürliche Substanz für Malfarben oder Farbstoffe zum Färben von Stoffen.

Projektil
Ein Gegenstand, der aus einer Waffe durch die Luft geschossen wird.

Protestant
Ein evangelischer Gläubiger.

Rammbock
Waffe aus einem schweren Holzbalken, der hin und her geschwungen wurde, um Tore und Mauern einzureißen.

Ringmauer
Mauer, die rund um eine Motte oder eine Burg gebaut wurde, um sie vor Angriffen zu schützen.

Ritterlichkeit
Tugendhaftes Verhalten, das Ritter einzuhalten hatten – zum Beispiel im Umgang mit anderen. Auch unbedingte Loyalität gegenüber dem König oder der Königin war verlangt.

Römer
Angehöriger des alten Römischen Reichs.

Rüstung
Harte und strapazierfähige Schutzbekleidung, die während eines Kampfs getragen wurde und normalerweise aus Metall oder Leder bestand. Eine Rüstung konnte aus vielen Teilen zusammengesetzt sein.

Samurai
Adliger Krieger, der den Herrschern Japans diente, vergleichbar mit einem europäischen Ritter.

Shogun
Mächtiger Adliger und Krieger im japanischen Feudalsystem, der vom Kaiser ernannt wurde.

Sklave
Person, die gefangen gehalten, zur Arbeit gezwungen und von einem anderen Menschen als Eigentum betrachtet wurde.

Sternfestung
Festung mit spitzen, oft sternförmig zulaufenden Mauern, sodass die Verteidiger aus jedem Winkel schießen konnten.

Steuer
Regelmäßige Zahlungen, die die Obrigkeit von ihren Bürgern fordert.

Sultan
König in muslimischen Ländern.

Tatami
Gewebte Strohmatte, traditioneller japanischer Bodenbelag.

Tenshukaku
Hauptturm einer japanischen Burg.

Torhaus
Gebäude am oder über dem Eingang einer Burg, um den Zutritt Unbefugter zu überwachen oder zu verhindern.

Turm
Hohes, schmales Bauwerk, das oft Teil der Verteidigungsanlagen einer Burg war.

Turnier
Oft mehrtägige Wettbewerbe, bei denen Ritter in verschiedenen Disziplinen gegeneinander antraten.

Verrat
Das Verbrechen, seinen Herrscher, in der Regel den König oder die Königin, zu hintergehen.

Wall
Burgmauer, die oben meist mit einem Wehrgang versehen war.

Zinnen
Gemauerter Bereich am oberen Ende einer Burgmauer mit Lücken zum Schießen oder Durchschleudern von Waffen.

Zisterne
Grube zum Auffangen und Speichern von Regenwasser.

Zitadelle
Kleinere Festung oder anderes gut befestigtes Bauwerk.

Zwinger
Raum zwischen zwei Burgmauern, den die Feinde überwinden mussten. Er konnte für sie leicht zur Falle werden.

Register

Dank und Bildnachweis

Dorling Kindersley dankt den folgenden Personen für ihre Unterstützung bei der Erstellung dieses Buchs: Hilary Bird für die Zusammenstellung des Registers, Dr. Micaela Sinibaldi für die Bereitstellung von Informationen über die Burg Kerak, mit besonderem Hinweis auf: Bridge of Civilizations, Kapitel 8, von Dr. Micaela Sinibaldi, herausgegeben von Peter Edbury, Denys Pringle, und Balázs Major, Archaeopress Publishing (Oxford, 2019).

Der Verlag dankt folgenden Personen und Organisationen für die freundliche Genehmigung zum Abdruck von Fotos:

(Abkürzungen: o = oben, u = unten, m = Mitte, l = links, r = rechts, g = ganz, Hg = Hintergrund)

4 Alamy Stock Photo: Commission Air (ol). **4–5 Getty Images:** Universal Images Group / Prisma Bildagentur (u). **5 Alamy Stock Photo:** Boris Stroujko (mor). **6 Alamy Stock Photo:** Roger Coulam (or); robertharding / Last Refuge (mul); David Lyons (um); Chon Kit Leong (ur). **7 Alamy Stock Photo:** imageBROKER / Jean-Yves Roure (ur); Andy Guest (gol); Sean Pavone (mor); Commission Air (mul). **8 Rheolwr Gwasanaethau Gwybodaeth:** Das Bild AP2019_013_002 Hen Domen, Montgomery (C.651721) ist ein Crown copyright und mit der Erlaubnis der Royal Commission on the Ancient and Historical Monuments of Wales (RCAHMW) abgedruckt, unter delegierter Erlaubnis von The Keeper of Public Records (ul). **10 Alamy Stock Photo:** Science Photo Library / Microgen Images (mr); Stuart Harrison Photography (gol). **Dorling Kindersley:** Natural History Museum, London (ur). **11 Alamy Stock Photo:** Keith Morris (gol). **Dorling Kindersley:** Canterbury City Council, Museums and Galleries (ml, m). **12 Alamy Stock Photo:** Dave Pattison (ul). **16 Alamy Stock Photo:** Alexei Fateev (ml/Krone). **Dorling Kindersley:** Courtesy of the Museum of London (ul); Combined Military Services Museum (CMSM) (ml); Order of the Black Prince (mul). **17 Alamy Stock Photo:** GL Archive (mor). **18 Alamy Stock Photo:** Jon Arnold Images Ltd (mul). **21 Alamy Stock Photo:** Mim Friday (l). **24 Getty Images:** Art Images / Merry Joseph Blondel (gol). **26 Dreamstime.com:** Grafvision (ul); Stanko07 (gom). **27 Dreamstime.com:** Filip Rasuo (gom). **29 Alamy Stock Photo:** dbimages (mur). **32 Dreamstime.com:** Anna Krivitskaia (ur). **33 Alamy Stock Photo:** imageBROKER / Moritz Wolf (ul); Lebrecht Music & Arts (mur). **Dreamstime.com:** Viacheslav Baranov (mo). **34 Dreamstime.com:** Biathlonua (ur). **35 Alamy Stock Photo:** Anton Ivanov (mur). **36 Alamy Stock Photo:** Vladi Alon (m); The National Trust Photolibrary / Matthew Antrobus (gol). **36–37 Alamy Stock Photo:** Manor Photography (gom). **Dreamstime.com:** Grzegorz Kordus (ul). **37 Alamy Stock Photo:** Malcolm Fairman (ur). **Dreamstime.com:** Arenaphotouk (gor). **39 Alamy Stock Photo:** Derek Croucher (mur). **40–41 123RF.com:** Gary Perkin (u). **41 Alamy Stock Photo:** The Print Collector / Heritage Images (mor). **44 Dreamstime.com:** Biathlonua (ur). **45 Alamy Stock Photo:** North Wind Picture Archives (gom). **46 Alamy Stock Photo:** dpa picture alliance (gol, mor); Image Professionals GmbH / Walter Schmitz (ul). **47 Alamy Stock Photo:** dpa picture alliance / Jens Kalaene (gol); imageBROKER / hwo (ur). **48 Alamy Stock Photo:** Gerd Harder (mul). **53 Alamy Stock Photo:** Alpineguide (mur). **54 Getty Images:** Science & Society Picture Library (mu). **54–55 Alamy Stock Photo:** Jozef Sedmak (mu). **55 123RF.com:** Adrian Wojcik (ul). **Alamy Stock Photo:** Jozef Sedmak (mol). **57 Alamy Stock Photo:** Vittorio Caramazza (gol). **58 Alamy Stock Photo:** Ana Flašker (mul). **60 Alamy Stock Photo:** Juan Aunion (mur). **Dorling Kindersley:** Warwick Castle, Warwick (mor). **61 Dorling Kindersley:** Robin Wigington, Arbour Antiques, Ltd., Stratford-upon-Avon (mur); Warwick Castle, Warwick (mul, ur).**63 Alamy Stock Photo:** imageBROKER (gor). **64 Alamy Stock Photo:** Richard Wong (ml). **Dreamstime.com:** German Sivov (ul). **64–65 Alamy Stock Photo:** Ernst Wrba (m). **65 Alamy Stock Photo:** Wayne J Grundy (ul); Nikreates (mr); Yuri Turkov (ur). **66 Alamy Stock Photo:** Jake KY Anderson (ul). **68 Alamy Stock Photo:** Avalon / Construction Photography (gor); Chuck Bigger (gol); Sabena Jane Blackbird (ul). **69 Alamy Stock Photo:** DanitaDelimont.com / Alida Latham (ur). **Getty Images:** The Image Bank / Merten Snijders (gor). **71 Alamy Stock Photo:** David Lyons (mur). **72 Dorling Kindersley:** Anthony Barton Collection (mol); Bate Collection (gor). **73 Alamy Stock Photo:** Ancient Art and Architecture (mur). **Dorling Kindersley:** Anthony Barton Collection (ul). **iStockphoto.com:** Stockbyte / Comstock (mo). **74 Alamy Stock Photo:** Peter Probst (gol). **76 Alamy Stock Photo:** Stefano Politi Markovina (ul). **78 Dreamstime.com:** Natalia Bratslavsky (gol); Joserpizarro (ur). **79 123RF.com:** lachris77 (gol); Ivan Soto (gor). **80 Alamy Stock Photo:** Tuul and Bruno Morandi (mul). **85 Dreamstime.com:** Kuremo (mur). **83 Alamy Stock Photo:** Cro Magnon (mu). **87 Alamy Stock Photo:** Sean Pavone (mul). **88 Dorling Kindersley:** Board of Trustees of the Royal Armouries (gor/mace); Wallace Collection, London (l, gor, mor). **89 Dorling Kindersley:** Board of Trustees of the Royal Armouries (mol); Durham University Oriental Museum (gol, mo); Maidstone Museum and Bentliff Art Gallery (r). **90 Alamy Stock Photo:** imageBROKER (ul). **92 Alamy Stock Photo:** Norman Barrett (gol); Historic Collection (mul); Prisma by Dukas Presseagentur GmbH / Piumatti Sergio (ur). **92–93 Alamy Stock Photo:** Norman Barrett (gom). **93 Alamy Stock Photo:** dpa picture alliance (mur). **95 Alamy Stock Photo:** Hoberman Collection (mur). **98 Alamy Stock Photo:** Stephen Finn (mol); Chon Kit Leong (ul); Prisma by Dukas Presseagentur GmbH / Van der Meer Rene (gor). **99 Alamy Stock Photo:** David Cooper (ul); imageBROKER / Peter Seyfferth (gor); Witold Skrypczak (ur). **Dreamstime.com:** Petr Švec (ml). **101 Alamy Stock Photo:** Chris Willson (ur). **102 Alamy Stock Photo:** aerial-photos.com (mlu); Sulo Letta (mo); Anton Aleksenko / agefotostock (gor). **Dreamstime.com:** Daliu80 (umc); Özgür Güvenç (mru). **103 Alamy Stock Photo:** Boris Stroujko (mlo); travellinglight (mlu); Keren Su / China Span (gor). **Dreamstime.com:** Martin Mullen (gom); Maksym Topchii (ur). **104 Alamy Stock Photo:** Banauke (mlu). **Dreamstime.com:** Anton Aleksenko (ur); Natalya Erofeeva (mo); Hunterbliss (gol); Sangaku (gor). **105 123RF.com:** Sean Pavone (mru). **Alamy Stock Photo:** Iakov Filimonov (mlu); Robert Preston Photography (gor). **Dreamstime.com:** Dennis Dolkens (gol); Rodrigolab (um). **126 Alamy Stock Photo:** aerial-photos.com (mul); Sulo Letta (mo). **Dreamstime.com:** Daliu80 (mo). **Getty Images:** The Image Bank / Tuul & Bruno Morandi (mur); Moment Unreleased / Henryk Sadura (gor). **127 Alamy Stock Photo:** Boris Stroujko (mol). **Dreamstime.com:** Anton Aleksenko (ul); Martin Mullen (goc); Paul Maguire (gor). **128 Alamy Stock Photo:** China Span / Keren Su (mul). **Dreamstime.com:** Blossfeldia (gor); Maksym Topchii (gol); Lachris77 (mur); Özgür Güvenç (mu). **129 123RF.com:** czekma13 (clb). **Alamy Stock Photo:** agefotostock / Anton Aleksenko (mu). **Dreamstime.com:** Jose Ramon Alvarez (mo); Megan Forbes (gom); Arapix (gor); Nataliya Hora (mur). **130 123RF.com:** Sean Pavone (mur). **Alamy Stock Photo:** Iakov Filimonov (mul). **Dreamstime.com:** Natalya Erofeeva (mo); Hunterbliss (gol); Sangaku (gor); Rodrigolab (mu). **131 Alamy Stock Photo:** Banauke (mu); travellinglight (mul); Robert Preston Photography (ur). **Dreamstime.com:** Dennis Dolkens (gor)